August   Oetker

Für die Küche!

Dr. A. Oetkers Grundlehren der Kochkunst sowie preisgekrönte Rezepte für Haus

und Küche

August Oetker

Für die Küche!
Dr. A. Oetkers Grundlehren der Kochkunst sowie preisgekrönte Rezepte für Haus und Küche

ISBN/EAN: 9783337200695

Hergestellt in Europa, USA, Kanada, Australien, Japan

Cover: Foto ©Andreas Hilbeck / pixelio.de

Weitere Bücher finden Sie auf **www.hansebooks.com**

Für die Küche!

Dr A. Oetkers Grundlehren der Kochkunst

sowie

preisgekrönte Rezepte für Haus und Küche.

Dr. A. Oetker, Apothekenbesitzer,
Bielefeld.

3

Inhalts-Verzeichnis.

Etwas »Praktisches« für die Küche!

Für die feinere Küche!

»Vineta«, Spezialmarke des Westfälischen Margarine-Werks i

Vorwort.

In den gewaltigen Fortschritten, welche unserer Zeit ihr Gepräge geben und alle unsere Verhältnisse den Zielen des Praktischen, Schönen und Nützlichen entgegenführen, wird mehr und mehr auch der stille Wirkungskreis der Hausfrau ergriffen. Was in vergangenen Zeiten mühsame Arbeit war, das gestaltet sich unter dem Einfluß moderner Hilfsmittel zu angenehmer Beschäftigung; wo früher der Erfolg trotz aller Sorgfalt ein Spiel des Zufalles blieb, da ist gegenwärtig durch neue Methoden die Gewißheit des Gelingens gegeben, neue Gebiete erprießlicher Thätigkeit sind der Hausfrau eröffnet, lästige und nutzlose Arbeiten ihr genommen worden und so ist die Vertreterin moderner Wirtschaftsweise nicht mehr verurteilt, in den ausgetretenen Geleisen ihrer Vorfahren zu wandeln, sondern sie kann mit freiem Geiste alle Gebiete ihres Wirkens überblicken, sich das Nützliche dienstbar machen und allen Nachteil erfolgreich vermeiden.

Wie kommt es nun, daß die Fortschritte der Chemie sich so langsam im Haus- und Küchenwesen einbürgern?

Zwei Ursachen kann man als die wahrscheinlichen angeben.

Die Anweisungen, welche bisher für die Hausfrauen geschrieben sind, waren nicht so klar und kurz gefaßt, wie es zur Erreichung eines Erfolges notwendig ist, oder sie wurden am grünen Tische ohne Rücksicht auf die Praxis geschrieben, und waren in Folge dessen unbrauchbar.

Andererseits werden auch vielfach die Anweisungen nicht genau genommen, man glaubt, daß es auf kleine Abweichungen und geringe Nachlässigkeiten nicht ankomme. Dem ist aber nicht so, denn gerade derjenige, der ein leicht verständliches Rezept geben will, muß sich so kurz und bestimmt wie möglich fassen und alles überflüssige Beiwerk streng vermeiden. Wer deshalb in seinem Hauswesen eine Neuerung einführen will, der höre nicht auf die klugen Ratschläge anderer, die nur zweifelhafte Resultate erzielt haben, sondern er verschaffe sich die Original-Anweisungen, um sie wörtlich und pünktlich zu befolgen.

In der Natur der Sache liegt es, daß sich das wirklich Gute nur langsam Bahn bricht und erst nur kleinen Kreisen zu Gute kommt. Was sich aber in diesen erprobt und bewährt hat, das muß der Allgemeinheit erschlossen werden.

Die Sammlung erhebt nicht den stolzen Anspruch auf Vollständigkeit, denn wann würde eine gründliche Reform des täglichen Lebens wohl jemals fertig. Aber es sind doch wesentliche Fortschritte, wenn gerade die wundesten Punkte dieses weiten Gebietes kritisch beleuchtet werden und wenn zu Aenderungen praktische Mittel gefunden und geeignete Ratschläge gegeben werden. Möge deshalb die deutsche Frauenwelt beherzigen, daß jede, auch die kleinste Verbesserung des Hauswesens nicht nur Arbeit spart, sondern auch Genuß schafft, nicht nur die Freude, sondern auch den praktischen Nutzen des Erfolges bringt.

S e l b s t prüfen!

S e l b s t urteilen!

Was muß jede Hausfrau von der Chemie der Nahrungsmittel wissen?

Alle Nahrungsmittel, welche zum Aufbau unseres Körpers dienen und zum Fortleben notwendig sind, kann man einteilen in lösliche und unlösliche Nahrungsmittel.

Zu den löslichen Nahrungsmitteln gehört der Zucker. Aufgelöst im Wasser oder im Magensaft tritt er in das Blut und wird hier zur Erzeugung von Wärme verbraucht.

Die Zahl der Nahrungsmittel, welche sich im Wasser nicht lösen, ist viel größer, und deshalb ist es eine der wichtigsten Aufgaben der Kochkunst, diese im Wasser unlöslichen Nahrungsmittel so vorzubereiten, daß sie sich unter den Einflüssen des Magen- und Darmsaftes leicht lösen. Denn jedes Nahrungsmittel muß ja zur Unterhaltung des Lebens im aufgelösten Zustande in das Blut treten können, sonst ist es zwecklos und ohne jeden Nährwert.

Die Eiweißstoffe kommen in gelöstem oder in festem Zustande in den Magen. Das Pepsin und die Salzsäure des Magensaftes machen die ungelösten Eiweißstoffe löslich, damit sie in das Blut übergeführt werden können.

Ebenfalls im Wasser unlöslich sind die Fette, welche wir täglich genießen; z. B. Butter. In dem Magen geht mit der Butter keinerlei Veränderung vor sich; sehr fette Speisen sind jedoch schwer verdaulich, weil das Fett die Eiweißstoffe umschließt und somit die Einwirkung des Magensaftes

11

verhindert; die genossenen Speisen liegen wie Bleiklumpen im Magen; für solche Behandlung rächt sich der Magen; Druck und Schmerz stellen sich ein und am besten ist es noch, wenn der Magen sich durch eine kleine Explosion von dem Unverdaulichen befreit. Das Fett wandert bei normalen Verhältnissen durch den Magen in den Darm und wird hier unter dem Einflusse des Pankreatins so fein verteilt, daß es in die Blutbahn eintreten kann, um seinen Zweck zu erfüllen.

Für die Köchin ist es eine Hauptaufgabe, alle fetten Speisen so zuzubereiten, daß das Fett mit den anderen Stoffen, z. B. Mehl, recht innig verbunden ist. Die Kuchen z. B., welche nach Dr. Oetker's Rezepten angefertigt werden, enthalten ja auch mehr oder weniger Butter, aber sind stets leicht verdaulich, weil durch die vielen Poren der Magensaft mit Leichtigkeit die Eiweißstoffe angreifen und lösen kann.

Ein anderes wichtiges Nahrungsmittel, die Stärke oder das Stärkemehl, ist ebenfalls unlöslich im Wasser. Betrachtet man die Stärke unter dem Mikroskope, so erkennt man, daß sie aus Körnern besteht. Die Körner sind umschlossen von einer Zellwand, welche unverdaulich ist, und Stärkekörner, welche im rohen Zustande in den Körper kommen, haben gar keinen Nährwert, weil sie von den Säften nicht gelöst werden können.

Deshalb ist es wiederum eine Hauptaufgabe der Köchin, die stärkemehlhaltigen Speisen so vorzubereiten, daß sie im Körper leicht gelöst werden können.

Dies geschieht auf verschiedene Weise. Rührt man die Stärke, z. B. Weizenstärke, mit kaltem Wasser an, so setzt sich das Pulver bald am Boden ab; erwärmt man jedoch das Wasser, so platzt die Umhüllung jenes Stärkekornes, der Inhalt tritt heraus und nach dem Kochen erhält man einen

Brei, welcher sehr leicht verdaut wird. Dieser Vorgang findet immer statt beim Kochen von Kartoffeln, Puddings und Flammeris.

Beim Backen von Brot und Kuchen wird das an Stärkemehl reiche Weizenmehl mit den anderen Zuthaten gemischt und der hohen Temperatur des Ofens ausgesetzt. Jedes einzelne Stärkemehlkorn hat sich mit Wasser vollgesogen, kommt in den Ofen, platzt in der hohen Temperatur, weil das Wasser in Dampf übergeht und die Zellwand zerreißt, der Inhalt des Körnchens wird frei und zum Teil schon in lösliche Produkte verwandelt.

Die Kochkunst hat den Zweck, die Nahrungsmittel so vorzubereiten, daß die verdauende Thätigkeit unserer Organe die Arbeit leicht bewältigen kann. Ferner liegt es einer intelligenten Köchin ob, alle auf den Tisch gebrachten Speisen so zu würzen und so tadellos herzustellen, daß das Einnehmen einer Mahlzeit nicht nur eine Notwendigkeit für das Leben ist, sondern auch ein Genuß wird, sodaß Mann, Frau und Kind so gestärkt sind, um mit neuem Mute die Arbeiten des Berufes bewältigen zu können.

Was ist ein schwacher Magen?

Ein solcher, der viele Speisen nicht verträgt, welche gesunde und kräftige Personen gut verdauen, und gleichzeitig ein solcher, der nur relativ geringe Speisen aufnehmen und verdauen kann. Die Gründe sind mannigfach. Wenn Speisen, die sonst im allgemeinen bekömmlich sind, nicht vertragen werden, so hängt ein guter Teil dieses Fehlers von Gewohnheit, Geschmack und Vorstellung ab (verwöhnter Magen!). Viele Menschen vertragen die Milch nicht: manche aus subjektiver Abneigung, andere, weil sie Durchfall und selbst Erbrechen bekommen. Dies Letztere beruht auf starker übermäßiger Säurebildung im Magen. Sodann ist der schwache Magen klein und empfindlich: er verträgt nur geringe Mengen von Speisen, zuweilen fast nur flüssige oder weiche Speisen und er braucht lange Zeit, um sie durch den Pylorus zu entleeren. Vielleicht ist auch der Magensaft selbst schwach, es treten leichter Gährungen ein mit Gasbildung und Aufstoßen. — Der schwache Magen ist auch von geringer motorischer Kraft und vermag größere Mengen von Speisen, besonders von kompakten Speisen nur sehr langsam zu entleeren; diese bleiben daher lange liegen, können sich zersetzen, gähren, oder Druckgefühle erzeugen. Sehr zu beachten ist auch für den sogenannten schwachen Magen die Fähigkeit zu kauen. Diese ist von der Beschaffenheit der Zähne und der Kraft der Kaumuskeln abhängig. Für gute Zähne und kräftige Kiefer ist vieles leicht verdaulich, was für andere schwer und unverdaulich ist. Es ist von großer

Wichtigkeit, daß der Arzt bei seinen diätischen Verordnungen hierauf mit Sorgfalt achtet. Wer gute Zähne hat, kann Brot und Fleisch in reichlicher Menge essen; wer schlechte Zähne hat, wie z. B. alte Leute, den nähre man mit Milch, Mehlspeisen, Eiern und Fleischpurées. Schwächliche Menschen, zarte Kinder nähre man ebenfalls mit weichen Speisen, denn sie ermüden schnell beim Kauen härterer Speisen (besonders Fleisch) und mit der Ermüdung schwindet die Eßlust. Von großer Bedeutung ist dieser Gesichtspunkt auch bei schwachen Kranken und Rekonvalescenten, welche weder die Kraft noch die Lust haben, harte Dinge zu genießen. Werden aber harte Speisen schlecht gekaut und verschluckt, so bleiben sie lange Zeit unverdaut im Magen liegen: sie sind also in diesem Falle schwer verdaulich. Endlich kommt auch die Empfindlichkeit des Magens in Betracht. Der empfindliche Magen hat nach jeder reichlichen Mahlzeit ein Gefühl von Druck und Schwere, oft mit großer Belästigung verbunden. Dies Gefühl wird besonders durch harte (kompakte) Speisen bewirkt, welche lange im Magen liegen bleiben. Solche Speisen gelten dem empfindlichen Magen ebenfalls für schwerverdaulich. Auch der Geschmack, d. h. die Vorliebe oder Abneigung gegen gewisse Speisen, hat Einfluß auf den Begriff der Leicht- und Schwer-Verdaulichkeit. Das mit Widerwillen Genossene erzeugt ein unbehagliches Gefühl, vermindert den Appetit. »Diese Speise vertrage ich nicht«, hört man sagen. Dagegen wird die Lieblingsspeise in großen Mengen genossen und leicht befunden. Die psychische Vorstellung hat erheblichen Einfluß auf die Art, wie Speisen vertragen und verdaut werden. Hierbei ist aber wohl auch das Umgekehrte zu berücksichtigen, daß nämlich Jedermann, durch die Erfahrung belehrt, diejenige Speise mit Vorliebe genießen wird, welche ihm ein behagliches Gefühl erzeugt, und diejenige ungern, welche ihn belästigt. Gewohnheit, Vorstellung, Individualität greifen hier vielfach ineinander ein.

Was sind ungesunde Speisen? Eigentlich nur solche, welche schädliche Beimischungen enthalten. Der populäre Begriff der ungesunden Speisen deckt sich zum Teil mit dem Begriff der schwer verdaulichen; als ungesund wird aber auch eine unzweckmäßige Vereinigung von Speisen zu einer Mahlzeit oder auch ihre schlechte Zubereitung verstanden. Individuell ungesund sind Speisen, gegen die eine Idiosyncrasie besteht, wie z. B. Krebse, Hummer, Erdbeeren, Spargel, Spinat; für manche ist selbst Milch eine schädliche Speise. Viele Speisen können im Momente ungesund sein, abhängig von äußeren Verhältnissen (Sommerhitze, Kälte, drohende Epidemieen) oder vom Zustande des Magens (Dyspepsie, Neigung zu Diarrhöe u. s. w.)

Welche Speisen sind leicht, welche sind schwer verdaulich?

Gebratenes F l e i s c h ist leicht verdaulich, weil die durch die Hitze gelockerten Fleischfasern vom Magensafte schnell angegriffen werden können. Tunkt man jedoch ein Fleischstück in dicke fette Sauce, so wird es sofort viel schwerverdaulicher, weil der wässerige Magensaft nicht durch das Fett dringen kann. Der Magensaft braucht infolge dessen viel längere Zeit um das Fleisch zu lösen.

E i e r , weich gekocht und mit Salz verspeist, sind sehr leicht verdaulich, denn das Eiweiß wird in diesem weichen schwammigen Zustande leicht vom Magensafte gelöst. Das Eigelb enthält das Fett sehr fein verteilt zwischen den anderen Bestandteilen und kann der Magensaft daher auch das im Eigelb vorhandene Eiweiß schnell in den löslichen Zustand überführen.

M i l c h ist leicht verdaulich, denn ihre Hauptbestandteile sind so fein verteilt, daß die Verdauungssäfte des Magens und des Darmes leicht einwirken können.

K ä s e ist ein leicht verdauliches Nahrungsmittel. Das ursprüngliche, unlösliche Eiweiß, aus welchem der Käse bereitet wird, ist durch die Gährung schon für die Verdauung vorbereitet und wird leicht vom Magensafte angegriffen und gelöst.

S t ä r k e m e h l haltige Substanzen, z. B. Maismehl und

17

Reis mit Milch gekocht, werden sehr gut verdaut, weil das Stärkemehl durch das Kochen aufgeschlossen ist und vom Darmsafte gelöst wird.

Kartoffeln in ihren verschiedenen Zubereitungen gekocht, geröstet &c., werden im Körper langsamer verdaut wie Mais und Reis.

Nudeln, Spätzle, Klöße werden leicht verdaut.

Wirsingkohl und gelbe Rüben enthalten ja auch Stärkemehl und Eiweiß, aber der menschliche Organismus ist nicht im Stande, die Nährstoffe dieser Pflanzen vollkommen auszunutzen.

Fette, z. B. Butter und Speck, werden leicht verdaut und vom Darmsafte so bearbeitet, daß sie ohne Mühe vom Körper aufgenommen werden können.

Wenn aber eiweißhaltige Substanzen mit viel Fett genossen werden, so stellen sich bei empfindlichen Personen manchmal Magenschmerzen ein. Dies rührt wahrscheinlich daher, daß das Fett die Einwirkung des Magensaftes auf die Eiweißsubstanzen verhindert.

Brot genießen wir in Gestalt von:

Weizenbrot. Dieses wird von allen Brotsorten am leichtesten verdaut, weil es sehr porös ist und den verdauenden Säften den Eintritt in die Poren am leichtesten gestattet.

Ein Brot aus Weizen- und Roggenmehl gebacken wird weniger gut ausgenutzt wie ein Brot aus reinem Weizenmehl.

Roggenbrot ist weniger porös und Pumpernickel hat nur

sehr wenig Poren und die Folge ist, daß Pumpernickel am schwierigsten aufgenommen wird und dem Magensafte am meisten Arbeit verursacht.

Die landläufige Redensart, daß ein dunkles Brot aus reinem Roggen kräftiger sei wie Weizenbrot, ist falsch. Man esse einmal vom Weizenbrote dem Gewichte nach ebensoviel wie Roggenbrot, dann wird wohl Niemand behaupten können, daß er sich in seinem Kräftegefühl geschädigt finde. Roggenbrot ist aber billiger als Weizenbrot und wenn man für 10 Pfennig Roggenbrot verzehrt hat, so hat man viel eher das Gefühl der Sättigung, als wenn man für 10 Pfennig Weizenbrot zu sich genommen hat.

Manchmal hört man die Ansicht aussprechen, daß der Körper der Frau weniger Nahrungsmittel bedürfe wie der Körper des Mannes. Das ist in dieser Allgemeinheit ausgedrückt durchaus falsch.

Die arbeitende Frau hat denselben Anspruch auf eine genügende Ernährung wie der arbeitende Mann. Je schwerer die Arbeit, um so reichlicher muß die Nahrung sein; einerlei, ob Mann oder Frau.

Aufbewahrung der frischen Aepfel und Birnen während des Winters.

Folgende Anweisungen sind gegeben von Herrn Kgl. Gartenbau-Direktor Heinrich Gaerdt.

1. Richtige Wahl der Sorten und dabei Sichtung der Exemplare.

2. Man vermeide wurmstichige Früchte, verletzte, gedrückte Exemplare, weil jede Schadhaftigkeit, mag sie auch noch so gering erscheinen, stets ein Herd für Fäulnis ist. Unter allen Umständen gefährlich sind Wunden, durch welche die Wachshaut verletzt ist.

3. Behutsames Pflücken der Früchte. Zum Pflücken wähle man heitere Tage, denn feuchtes Obst darf nicht eingewintert werden.

4. Die Winterfrüchte sind möglichst lange am Baume hängen zu lassen, um zur vollsten Ausbildung zu gelangen.

5. Es kommt nicht darauf an, ob die Stiele unverletzt oder gebrochen sind.

6. Das vielfach empfohlene Abwaschen der Früchte vor der Aufbewahrung ist keineswegs als eine Bedingung und Notwendigkeit anzusehen, ja sogar nachteilig, weil leicht Verletzungen an zartschaligen Früchten dadurch entstehen können.

7. Die Aufbewahrungsräume müssen eine möglichst gleichmäßige niedrige Temperatur haben und sollte dieselbe + 3 bis 5° R. nicht übersteigen; insbesondere sollen die Eingänge nach Nord oder Nordost gelegen sein.

8. Nächst der niedrigen Temperatur ist Dunkelheit eine Bedingung und Notwendigkeit. Dunkelheit ist künstlich herzustellen.

9. Als Aufbewahrungsräume dienen Keller, Kammern, Böden, Zimmer im allgemeinen.

10. Hat man bei gleichen Eigenschaften die Wahl zwischen Keller und Kammer, so ist dem Raum über der Erde der Vorzug zu geben.

11. Modernde Gegenstände oder solche, die einen üblen, multrigen Geruch verbreiten, auch Gemüse jeder Art, sind fern zu halten.

12. Entspricht der Aufbewahrungsraum allen Anforderungen, so ist vorzuziehen, die Früchte frei, uneingehüllt höchstens dreischichtig übereinander zu legen. Entschieden hartschalige Sorten ertragen auch ein höheres Uebereinanderlegen. Andererseits ist das Einwickeln in Seidenpapier, sowie das schichtweise Lagern in Kisten, Fässern, zwischen Isoliersubstanzen, wie pulverisierte Holzkohle, Sand &c. zu empfehlen.

13. Bewahrt man Früchte in Kisten, Fässern &c. auf, so soll man stets nur Sorten von gleicher Reifezeit in eine Kiste zu bringen suchen.

14. Wenn möglich, sind die Früchte so zu stellen, daß der Kelch nach unten, der Stiel nach oben gekehrt sei.

15. Man wische die Früchte mit einem weichen Tuche,

bevor man sie zur Tafel giebt.

16. Die Früchte mit einer dünnen, weichen Schale und feinem, lockeren Fleische konserviert man vorteilhafter bei Luftabschluß. Früchte mit rauher, lederartiger Schale und festerem Fleische ertragen einen luftigeren Platz.

17. Unter Luftzutritt ausgesetzten Räumen sind Keller, Gewölbe, Kammern u. s. w. zu verstehen.

Das Backen.

Das Backen in der Küche muß in zwei Teilen besprochen werden, weil sich das Backen in Fett und das Backen der Mehlspeisen und Kuchen sehr voneinander unterscheidet.

Zum Backen in Fett gebraucht man ein reines Fett. Dieses kann sein ausgelassene oder sehr gut ausgewaschene Butter, Schweineschmalz, Rindschmalz oder Oel, je nach dem Gegenstande, welcher gebacken werden soll. Man bringt das Fett in der Pfanne zum Sieden, und es hat dann eine Temperatur von ungefähr 170° Celsius. Legt man den zu backenden Gegenstand jetzt hinein, so gerinnt das Eiweiß des Fleisches an der Oberfläche sofort und die feste Kruste verhindert das weitere Eindringen des Fettes in die Speise. Das Fett darf nicht eindringen und muß deshalb siedend heiß sein, damit die gebildete Kruste sofort die Poren schließt. Das Feuer, auf welchem gebacken werden soll, muß eine gute Flamme haben.

Ob das Fett heiß genug ist, erfährt man durch einen Tropfen Wasser, welchen man in die Pfanne fallen läßt. Wenn der Tropfen den Boden der Pfanne berührt, muß er sich unter prasselndem Geräusch sofort in Dampf verwandeln.

Man muß soviel Fett anwenden, daß die Speise schwimmt.

Nimmt man Butter, so darf diese kein Salz enthalten. Das Salz sinkt sonst in dem geschmolzenen Fette zu Boden, wird auf der eisernen Fläche zu heiß, verkohlt organische Bestandteile und sitzt nachher als eine schwarze kohlige Masse an der Speise.

Die Pfanne muß groß sein, damit das siedende Fett nicht überläuft.

Das benutzte Fett ist nach dieser Methode nicht verloren. Man gießt das heiße Fett in kochendes Wasser, rührt kräftig um, damit sich hineingefallene Fleischstückchen oder Semmelkrumen trennen können. Nach dem Erkalten kann man das Fett in Gestalt eines festen Kuchens abnehmen. Von der Unterseite schabt man die rauhen Teile ab und kann dieses gereinigte Fett wieder zu allen anderen Speisen verwenden.

Das Fett jedoch, welches man zum Backen von Fischen benutzt hat, kann man nur wieder zu diesen verwenden, weil es den Fischgeschmack und Geruch angenommen hat.

Um gebackene Speisen von dem überschüssigen Fette zu befreien legt man sie auf Löschpapier oder ein Tuch; auch darf man sie niemals in einem warmen Ofen aufbewahren um sie warm zu erhalten, sonst werden sie weich und das Knusperige geht verloren. In diesem Falle ist das heiße Fett nur benutzt worden, um den zu bratenden Gegenstand schnell und in seinem eigenen Safte gar werden zu lassen.

Das Backen der Kuchen in der Küche!

Frau M. Aabel, Verfasserin des neuen Regensburger
Kochbuches, schreibt:

Viel praktischer, sicherer und besser wie Hefe ist die
Verwendung von Dr. Oetker's Backpulver. Die mit obigem
Backpulver zubereiteten Bäckereien gelingen vorzüglich,
haben einen sehr guten Geschmack, sind leichter verdaulich
und kommen ungeheuer billig. Dieses Backpulver, welches
in Päckchen à 10 Pfg. in allen feineren Delikatessen- und
Drogen-Geschäften vorrätig ist, kann man auch zu allen
Knödeln (Klößen), Torten, Mehlspatzen, Kartoffel-Speisen
verwenden.

Bei Anwendung gebe man das Backpulver zuletzt hinzu,
mische schnell durcheinander und schiebe in heißen Ofen,
ohne das Aufgehen abzuwarten. Langes Rühren ist
nachteilig. Milch und Wasser werden kalt angewendet.

Backwerke.

Regeln beim Backen.

Das Haupterfordernis zum guten Gelingen jeder Art von Backwerk ist, daß alle hierzu verwendeten Bestandteile, namentlich Butter, Eier, Dr. Oetker's Backpulver und Milch, recht frisch und von tadellosem Geschmack sind, sonst verdirbt man sich das ganze Gebäck. Mehl und Zucker müssen fein gesiebt werden und alles zum Backen gehörige, namentlich bei kälterer Jahreszeit, stellt man am besten schon Abends zuvor in ein warmes Zimmer oder früh in der Küche auf die erwärmte Herdplatte, sowie man auch den Teig im Warmen einrührt und aufgehen läßt, außer Butter und Blätterteigen, die man kalt stellt. Die Butter wäscht man gewöhnlich aus und knetet sie unter öfterem Uebergießen mit frischem Wasser gut durch, um die salzigen Teile zu entfernen; den meisten Wohlgeschmack giebt natürlich ganz frische Butter, doch kann man in deren Ermangelung auch gute eingelegte Butter anwenden, von der man weniger bedarf, weil sie fetter ist, dann hüte man sich jedoch, dieselbe heiß zu gebrauchen, was ihrem Geschmack großen Eintrag thut. Die Eier schlage man nie über dem Teig auf, damit derselbe nicht verdorben werde, falls ein schlechtes Ei darunter wäre; will man das Weiße zu Schnee schlagen, so lasse man nichts von dem Dotter darunter kommen und bereite den Schnee an einem kühlen Orte, denn z. B. in der Küche erhält er nie die erforderliche Steife. Das Einrühren der Kuchen oder Torten, wozu man einen tiefen, steinernen oder irdenen Napf und einen flachen Holzlöffel nimmt, muß stets nach einer bestimmten Seite hin geschehen, entweder von links nach rechts oder von rechts nach links, denn ein Rühren nach verschiedenen Seiten würde das Gebäck mißlingen machen; man rühre möglichst rasch und fasse den Löffel mit beiden Händen, was weniger ermüdet. Alle Formen zu Bäckereien streicht man mit einem, in geschmolzene Butter getauchten Pinsel gehörig aus und überstreut sie dann mit geriebener Semmel oder Zwieback, damit sich das Backwerk später leichter auslöst. Bäckt man kleines, süßes Gebäck auf einem Blech, so bestreicht man letzteres mit Butter und verreibt dieselbe mit weichem Papier, ebenso kann man das erwärmte Blech mit weißem Wachs einreiben; wenn man Butterteig bäckt, bestreut man das Blech mit Mehl oder geriebener Semmel. Den erforderlichen Hitzegrad des Ofens zum Backen erprobt man am besten, indem man ein Stück Papier hineinlegt; wird dasselbe schnell gelb, so kann man den Blätterteig in den Ofen setzen, am geeignetsten ist aber für das meiste Backwerk der zweite Hitzegrad, wenn das hineingelegte Papier langsam gelb wird. Allerlei kleines Gebäck, wie Makronen, spanischer Wind, Anisbackwerk und dergl., bedarf eines noch schwächeren Hitzegrades, da es mehr austrocknen als backen soll. Hat man eine Form mit zu backendem Teig im Ofen, so muß die Ofenthüre möglichst wenig geöffnet werden und keinerlei Topf oder Kasserol mit Wasser oder sonst etwas, darf dabei im Rohr stehen, weil der feuchte Dampf das Bräunen des Gebäcks verhindern würde. Um zu versuchen, ob der Kuchen völlig durchgebacken sei, nimmt man ein spitziges, dünnes Hölzchen oder eine Stricknadel und sticht in der Mitte hinein; bleiben noch kleine Teigkrümmelchen daran hängen, so ist der Kuchen noch nicht gar, hängt aber nichts daran, so kann man ihn, falls er braun genug ist, sofort herausnehmen und noch eine Weile in der Form stehen lassen, bevor man ihn ausschüttet, auch darf man ihn nicht gleich darauf ins Kalte bringen. Will man Torten oder Kuchen mit einer Glasur überziehen, so geschieht dies, sowie das Gebäck heiß aus dem Ofen kommt und man läßt die Glasur dann trocknen, indem man den Kuchen entweder in die obere Ofenröhre stellt oder in die Backröhre, nachdem sie durch Offenstehen der Ofenthüren etwas ausgekühlt ist.

Es scheint, daß Magenkranke das Backwerk, welches mit gutem Backpulver bereitet ist, besser vertragen wie das mit Hefe gebackene Weißbrot. Es wird dies vielleicht daran liegen, daß die Backpulvergebäcke so sehr porös sind.

Von den Gebäcken sind am leichtesten zu verdauen: Cakes, dann Zwieback, dann Weißbrot und zuletzt Schwarzbrot und Pumpernickel. Frisches Brot gilt im Volksmunde als schwerverdaulich weil es nicht so stark gekaut wird wie älteres oder härter gebackenes Brot. Je mehr die Speisen beim Kauen eingespeichelt werden, um so besser werden sie verdaut. Manche Menschen essen sehr schnell aus Angewohnheit und Unruhe, richtiger ist es immer langsam zu speisen und ordentlich zu kauen.

Das Bier

als Getränk und als Nahrungsmittel.

Das Bier ist Genuß- und Nahrungsmittel. Von den alkoholischen Getränken, deren wir uns bedienen, ist das Bier das an Alkohol ärmste. Dem geringen Gehalte an Alkohol entsprechend, ist seine Wirkung beim Genusse, es wirkt erwärmend und belebend, es regt das Nervensystem genügend an, ohne es zu überreizen, es bringt, wenn es innerhalb der durch die Vernunft gesetzten Grenzen genossen wird, das Gefühl des Wohlbehagens hervor, ohne zu berauschen wie der Wein, und ohne sinnverwirrend zu sein, wie der Branntwein.

Wenn die menschliche Natur des Genusses derartiger Getränke bedarf, so ist der des Bieres unzweifelhaft der dem Organismus am meisten zuträgliche, namentlich weil dieses Getränk, außer seiner nervenbelebenden Wirkung, einen nicht unbedeutenden Nährwert besitzt. Wegen seines geringen Gehaltes an Eiweißstoffen kann das Bier nie zur vollkommenen Ernährung des Körpers ausreichen. Als Zugabe zu Fleisch, Brot, Käse und anderen Stoffen ist es aber, wegen seines Gehaltes an Extraktivstoffen und phosphorsauren Salzen, ein wertvolles Nahrungsmittel. In dieser Beziehung steht es weit über dem Wein.

Mit dem Branntwein ist es gar nicht zu vergleichen, da dieser dem Körper nichts giebt als den Alkohol. Ein kräftig genährter ausgewachsener gesunder Mann kann einen

Schnaps ohne Schaden trinken, aber ein schwacher Körper wird schwächer wie vorher. Darin liegt der Fluch des Branntweintrinkens. Beim Biergenuß wird dagegen dem Körper ein Teil der zu verbrauchenden, oder durch vorangegangene Leistung verbrauchten Kraft ersetzt.

Braten.

Welche Grundsätze sind beim Braten des Fleisches zu beachten?

Fleisch besteht aus Fleischfasern und dem Fleischsafte. Erste Bedingung ist, dem Fleischstücke eine Kruste zu geben, damit der Fleischsaft nicht ausfließen kann.

Dies geschieht dadurch, daß man das Fleisch in das k o c h e n d e Fett der Pfanne legt und die Oberfläche mit dem kochendheißen Fette übergießt.

E i n f a c h e s   V e r f a h r e n: Das zum Braten vorgerichtete Fleisch wird mit dem hierzu nötigen heißen Fett oder Butter auf beiden Seiten begossen und dann in die gut geheizte Bratröhre geschoben.

Wodurch bildet sich jetzt eine Kruste? Durch das Eiweiß des Fleisches, welches durch die hohe Temperatur des heißen Fettes gerinnt und somit einen Austritt des Fleischsaftes aus dem Fleisch verhindert.

Jetzt mäßigt man das Feuer, begießt das Fleisch mit etwas Fleischbrühe, damit sich kurze Sauce bildet, und nach einiger Zeit erhält man einen Braten, welcher beim Anschneiden den Fleischsaft austreten läßt und sehr saftige Stücke liefert. Jede Köchin wird finden, daß ein so behandelter Braten aufquillt und viel dicker wird, wie das Stück Fleisch war.

Wie kommt das?

Durch die Kruste, welche sich um das Fleisch gelegt hat, wird der Austritt des Saftes verhindert. Durch die hohe Temperatur des Fettes wird ein Teil des Fleischsaftes in Dampf verwandelt und dieser Dampf treibt das Fleischstück auseinander.

Man darf aber nicht in das Fleisch stechen oder schneiden, sonst findet der Fleischsaft einen Ausweg und läuft in die Pfanne. Man erhält dann eine gute Sauce, aber kein saftiges Stück Fleisch.

Wie hoch ist die Temperatur, welcher das Fleisch beim Braten ausgesetzt wird? Das Fett in der Pfanne erhält eine Temperatur bis 150° und siedet. Das Fleisch hat außen eine Temperatur von ca. 120° und ist im Inneren ungefähr 70° warm. Diese Temperatur genügt auch vollkommen, um das Fleisch weich zu braten, und es darf nicht heißer werden, damit nicht auch das Eiweiß im Innern gerinnt. Sticht man aber in den Braten, so fließt der Fleischsaft aus; die Temperatur steigt auch im Innern des Bratens, macht das Eiweiß unlöslich, und das Resultat ist ein Stück festes, lederartiges Fleisch ohne Saft und Kraft.

Das Aroma des Bratens entsteht durch Einwirkung der hohen Temperatur auf das Fleisch; die genauere Zusammensetzung dieser aromatischen Zersetzungsprodukte kennt man noch nicht.

Wie lange soll das Fleisch braten? Das hängt ganz und gar von der Natur des Fleisches ab und kann am Herde erlernt werden.

Ist der Braten fertig, so darf er nicht lange stehen, sondern muß auf den Tisch gebracht werden, weil er sonst viel von seinem guten Aussehen einbüßt.

Den Braten sofort nach dem Herausnehmen aus dem Ofen zu zerschneiden ist auch nicht richtig, weil sonst der Saft beim Durchschneiden herausfließt. 10 bis 15 Minuten läßt man den aus dem Ofen genommenen Braten stehen, damit der Fleischsaft sich im Fleische gleichmäßig verteilt. Dann bleiben auch die Bratenreste, welche kalt genossen werden, noch saftig.

Im Anfange muß jedes zu bratende Fleischstück einer hohen Temperatur ausgesetzt werden, damit sich eine Kruste bildet und der Saft nicht ausfließen kann. Dann läßt man das Feuer etwas zurückgehen, damit das Fleisch innerhalb der Kruste im eigenen Fleischsafte gar wird.

Fleischstücke garniert man häufig mit Ei und Semmel. Dies hat den Zweck, um schnell eine Kruste bilden zu können, sonst fließt der Saft aus den Schnittflächen heraus. Die Eisubstanz, dieser hohen Temperatur ausgesetzt, gerinnt sofort und schließt die Poren.

Das Braten und Kochen des Fleisches hat den Zweck, das Bindegewebe zwischen den Muskelfasern locker zu machen und zum Teil in eine leicht lösliche Substanz, den Leim, zu verwandeln.

Gebratenes Fleisch von jungem Geflügel und vom Kalbe ist sehr leicht verdaulich, deshalb werden diese Fleischarten als Krankenkost bevorzugt. Wahrscheinlich beruht dies darauf, daß diese Fleischarten wenig Fett haben. Bei träger oder geschwächter Verdauung hat es sich **immer** gezeigt, daß fetthaltige Kost nachteilig ist.

Das Brot.

Die Getreidekörner werden in den Mühlen von den Schalen befreit, weil diese für den Menschen unverdaulich sind. Ohne weitere Behandlung ist auch das Mehl unverdaulich, weil unsere Verdauungswerkzeuge nicht im Stande sind, es in lösliche aufnahmefähige Produkte zu verwandeln.

Die Mehlspeisen werden deshalb gebacken oder mit Milch oder Wasser gekocht, damit die Stärkekörner platzen. Der gebildete Kleister wird von den Verdauungssäften angegriffen, in Zucker verwandelt und vom Körper aufgenommen. Auch beim Backen platzen die Stärkemehlkörner, werden verkleistert und durch die hohe Temperatur des Ofens zum Teil schon in lösliche Produkte übergeführt.

Zur Herstellung des Roggenbrotes verwendet man Sauerteig, um das Brot porös zu machen. Im Sauerteig befinden sich lebende Hefezellen und wenn man nun den aus Mehl und Wasser bereiteten Teig mit dem Sauerteig vermengt, so findet ein lebhaftes Wachstum der Hefezellen statt. Die Hefezellen verbrauchen einen Teil des Mehles, entwickeln Kohlensäure und diese Kohlensäure treibt den Teig auf, macht ihn locker. Wird der Sauerteig etwas länger aufbewahrt, so entsteht neben der Hefegärung auch noch eine Essig- und Milchsäuregärung. Infolge der Bildung dieser Säuren schmeckt das Roggenbrot mehr oder weniger sauer.

Zur Darstellung der Weißbrote benutzt man die käufliche Hefe. Wer aber Hefe benutzt, erleidet immer einen Verlust an Teig; denn die Hefe lebt ja von dem Teige.

Früher benutzte man noch viel mehr wie heute das sogenannte Hirschhornsalz. Dieses treibt das Backwerk auch hoch, giebt demselben aber einen faden Geschmack.

Zu dem Zwecke des Auftreibens von Brot verwendet man auch Fabrikate, welche unter dem Namen Backpulver in den Handel kommen. Im Jahre 1893 nahm ich die Fabrikation dieses Artikels auf und jetzt werden jährlich Millionen Kuchen mit Dr. Oetker's Backpulver hergestellt. Das ist ja der beste Beweis seiner Güte. Besonders sei noch erwähnt, daß beim Backen mit diesem Backpulver die verwendeten Zuthaten zum Backwerk keinerlei Verlust erleiden.

Je feiner das Mehl gemahlen ist, um so leichter ist das aus diesem Mehle hergestellte Brot zu verdauen. Je vollkommener eine Speise vom Körper resorbiert werden kann, um so besser ist es für die Erhaltung der Kräfte. Vom Weißbrot werden 94% verdaut, vom Pumpernickel nur 70%.

Butter.

Die Butter ist das erstarrte Fett der Milch, enthält aber noch ungefähr 15 Prozent Milch in feinster Verteilung. Beim Schmelzen tritt eine Trennung ein; die Magermilch sinkt zu Boden, darüber steht eine klare Fettschicht. Läßt man diese erkalten, so erstarrt das klare Fett und hat den Namen Schmelzbutter oder Butterschmalz erhalten. Die in der Butter eingeschlossene Milch ist kein zufälliger Bestandteil, auch keine Verunreinigung oder Verfälschung, sondern ein notwendiger Bestandteil der Butter, der erst das Butterfett zu Butter macht.

Der Geschmack der Butter ist abhängig davon, ob die Butter aus süßem oder saurem Rahm hergestellt ist, ob sie gesalzen oder ungesalzen auf den Tisch kommt. Der Wohlgeschmack der Butter kann durch verschiedene Einflüsse beeinträchtigt werden. Zu langes Verweilen der Milch im Stalle verleiht der Butter einen Stallgeschmack. Scharfe Stoffe des Futters gehen in die Butter über, z. B. wenn größere Mengen Steckrüben oder Rapskuchen gefüttert werden. Die Butter wird sehr leicht ranzig wenn sie offen an der Luft steht, und ganz besonders wenn sie vom Lichte getroffen wird. Steht die Butter in einem Raume, welcher stark riechende Stoffe enthält, so nimmt die Butter diese Stoffe ungeheuer schnell auf und bekommt einen widerlichen Geschmack.

Die Ursache des Verderbens der frischen Butter ist ihr Gehalt an Wasser und nicht völlig abgeschiedenen

Eiweißstoffen.

In wärmerer Temperatur wird die Butter sehr schnell ranzig. Dieser Geruch und Geschmack wird dadurch verursacht, daß die Fette der Butter in freie Fettsäuren und Glycerin zerlegt werden. Knetet man unter die Butter Salz, so wird die Butter nicht so leicht ranzig. Das Salz wirkt hier als wasserentziehendes Mittel. Die Molkereien bringen die Butter heute in Stücken à ½ und 1 Pfund, eingeschlagen in dünnes, nasses Pergamentpapier zum Konsumenten. Diese Methode des Verkaufes ist reinlich und nur zu empfehlen.

Gute Butter ist ein teurer Haushaltartikel und man muß immer bedenken, daß man den hohen Preis nur für den Wohlgeschmack bezahlt, denn bezüglich des Nährwertes leistet ein Pfund Schweineschmalz für den Körper ebensoviel wie ein Pfund Butter. Nur daher ist es zu erklären, daß die guten Kunstbuttersorten, welche unter dem Namen Margarine verkauft werden, sich so schnell eingeführt haben.

Kakao und Chokolade.

Der Kakaobaum ist in Zentralamerika einheimisch und die Bohnen dieses Baumes werden in großen Mengen importiert. In den Bohnen befindet sich das Theobromin, eine Substanz, welche dem Coffein ähnlich ist und ebenfalls anregend auf das Nervensystem wirkt.

Das Fett der Kakaobohnen wird durch Pressen entfernt und die Kakaobohnen zu feinstem Pulver gemahlen. Kocht man dieses Pulver mit Wasser so schmeckt es bitter und wird erst zu einem angenehmen Getränke, wenn man je nach Geschmack genügend Zucker und Gewürze beigefügt hat. Die zweckmäßigste Bereitung ist folgende: man reibt das Kakaopulver mit kaltem Wasser zu einem glatten dünnen Brei und läßt diesen in das kochende Wasser einlaufen und 2 Minuten kochen. Nimmt man an Stelle des Wassers Milch, so wird das Getränk nahrhafter.

Vermischt man die enthülsten, gerösteten und gemahlenen Kakaobohnen mit Zucker und Gewürzen, so erhält man die Chokolade, welche infolge dieser Zusätze viel nahrhafter ist wie Kakao. Um eine gute Tasse Chokolade zu bereiten, nimmt man gewöhnlich pro Tasse 30 Gramm und kocht mit Milch.

Vom Einlegen und Einmachen der Früchte für den Winterbedarf.

Zu den dankbarsten Arbeiten eines geordneten Hauswesens gehört in erster Linie das Einsetzen und die Aufbewahrung von Obst und anderen Früchten, damit während des ganzen Jahres eine angenehme und billige Zugabe zu den Mahlzeiten vorhanden ist. Wer den rechten Sinn für Häuslichkeit hat, der läßt es sich nicht ausstreiten, daß die im eigenen Hause hergestellten Konserven sehr gut schmecken und sehr billig sind. Eine rechte Hausfrau unterzieht sich gern der Mühe, größere Vorräte herzustellen und ihre geeignete Aufbewahrung zu überwachen; sie weiß, daß sich nicht nur Pfennige, sondern ganz erkleckliche Sümmchen auf solche Weise sparen lassen, von der Befriedigung, die darin liegt, auf der eignen Hände Arbeit blicken zu können, soll hierbei noch gar nicht einmal die Rede sein.

Freilich wird die Freude an der eignen Arbeit manchmal bitter vergällt, wenn man die erforderliche Sorgfalt hat mangeln lassen und infolgedessen durch das Verderben einzelner Büchsen sich Schäden zeigen, die außerhalb der sorglich angestellten Berechnung liegen. Wenn auch in erster Linie peinliche Sauberkeit in der Zubereitung, strengste Sorgfalt in der Auswahl der Früchte erforderlich sind, um das Verderben zu verhüten, so giebt es doch andrerseits auch äußerliche Hilfsmittel, durch welche man den Schaden der wuchernden Schimmelpilze abwenden kann.

Man hat hierzu in letzter Zeit hauptsächlich die luftdichte Verpackung empfohlen, indem man spekulierte, daß zur Existenz jener kleinen Lebewesen, welche die Zersetzung der organischen Substanz herbeiführen sollen, die atmosphärische Luft abgeschlossen werden muß. Die Patentverschlüsse sind meist so teuer und so wenig haltbar, daß sie sich bisher in den meisten Haushaltungen nicht einzubürgern vermochten. Ein sicheres Mittel gegen das Verderben der Speisen haben wir nur in den Salzen, und wenn sich auch das gewöhnliche Kochsalz, welches z. B. bei Fleisch und Fischen ganz vorzügliche Dienste leistet, nicht in allen Fällen eignet, so sind doch auch für eingemachte Früchte gewisse Zusätze als bestes Verhütungsmittel gegen das Verderben zu empfehlen. So wird in neurer Zeit Dr. Oetker's Salicyl mit bestem Erfolg angewendet, weil es den Geschmack der Früchte nicht nur nicht beeinträchtigt, sondern ihn lange Zeit sogar frisch und kräftig erhält. Seine Anwendung ist einfach und sauber und sein Preis billig. Dieses Salicyl enthält reinste Salicylsäure, und ein Päckchen à 10 Pfg. genügt, um 10 Pfd. eingemachte Früchte gegen Schimmel zu schützen.

Die Hausfrau, welche dieses Präparat einmal kennen gelernt hat, wird es stets ihren einzumachenden Früchten zusetzen und braucht sich über verschimmelte Kompotts nie mehr zu ärgern.

Im Interesse einer ausgedehnten Verwendung ist der Preis billigst gestellt.

Anwendung.

Man kocht die Früchte mit dem Zucker wie bisher, nimmt

sie vom Feuer, löst den Inhalt des Päckchens unter Umrühren in den 10 Pfd. Früchten auf, giebt sie in die sauberen Gläser oder Töpfe und läßt erkalten.

Nach dem Abkühlen legt man ein Stück reines Papier auf die Früchte, befeuchtet mit etwas Rum oder Arrac und streut etwas Salicyl darauf. Jetzt überbindet man mit einfachem oder mit Pergamentpapier, und die Früchte halten sich vorzüglich und bewahren ihren reinen Geschmack.

Will man Früchte, zum Beispiel Gurken, in Essig oder Salzwasser einlegen, so löst man in 5 Liter gutem Einmache-Essig ein Päckchen Salicyl und hat dann 5 Liter Salicyl-Essig, in welchem Gurken, Zwiebeln &c. niemals verderben oder auch nur anlaufen, sondern sich sehr gut halten.

Wenn sich die Essigfrüchte und Gemüse lange Zeit halten sollen, so gießt man den Essig k a l t darüber. Sollen die Gemüse schnell genußfähig werden, so gießt man den Essig h e i ß über die Gemüse oder Früchte.

Nimmt man etwas mehr Salicyl, so schadet das auch nichts, weil Dr. O e t k e r ' s S a l i c y l keinerlei schädliche Substanzen enthält.

Zu welchen Früchten, Gemüsen und Konserven kann man Dr. O e t k e r ' s S a l i c y l verwenden? Zu Amarellen; Annanas-Gelée und Marmelade; Apfel-Gelée; Apfelmarmelade und Kraut; Apfelsinen; Aprikosen; Artischocken; Birnen in Essig; Birnen mit Zucker; Bohnen in Salzwasser; Brombeerensaft; Brünellen; Kornelkirschen; Dreifruchtmarmelade; Dunstfrüchte; Erdbeeren in Gläsern; Gurken als Essig-Gurken; Gurken in Salz; Gurken als Senfgurken; Hagebuttenmarmelade; Heidelbeeren in Flaschen; Himbeergelée; Himbeersaft; Johannisbeergelée; Johannisbeersaft; Kapern; Kirschen in Essig; Kirschen in

Zucker; Kirschensaft; Kirschen im eigenen Safte; Kraut als Sauerkraut; Kürbis; Marmeladen; Maulbeeren; Mirabellen in Dunst oder in Essig; Mixedpickles; Nüsse; Orangen; Perlzwiebeln; Pfirsiche, Pflaumen in Dunst oder in Essig oder in Zucker; Pflaumenmus; Pomeranzen; Preißelbeeren; Quitten; Reineklauden; Rote Rüben; Stachelbeeren; Tutti-frutti-Eingemachtes; Weinbeeren; Zwiebeln.

Als Grundsatz

merke man sich, daß auf 10 Pfd. gekochte Früchte, oder Gelée, oder Marmelade, oder Mus, oder auf 5 Liter Himbeersaft, oder auf 5 Liter Essig n u r 1 Päckchen *à* 10 Pfg. genommen wird. Nimmt man jedoch etwas mehr, so schadet es auch nicht! Hat man jedoch nur 5 Pfd. eingemachte Früchte, so nimmt man selbstredend nur ein halbes Päckchen Dr. Oetker's Salicyl.

Skala für Frucht wie Zuckerbedarf: Man rechnet auf: 1 *kg* geschälte Birnen 1½ *kg* Zucker; 1 *kg* Aprikosen 1 *kg* Zucker; 1 *kg* Pfirsiche 1 *kg* Zucker; 1 *kg* Pflaumen 1½ *kg* Zucker; 1 *kg* Reineklauden 1½ *kg* Zucker; 1 *kg* Brombeeren ¾ *kg* Zucker; 1 *kg* Preißelbeeren ¼ *kg* Zucker; 1 *kg* Kirschen ¾ *kg* Zucker.

Ob wirklich ein Ei dem andern gleicht?

Viel Verdruß und finanzieller Verlust entsteht trotz aller Vorsicht in umfangreicheren Wirtschaften dadurch, daß ein gewisser Prozentsatz der aufgespeicherten Vorräte dem Verderben anheimfällt. Auch die größtmöglichste Aufmerksamkeit ist diesem Uebelstande gegenüber vergebens, denn wenn die Zersetzung erst einmal, sei es auch in noch so geringem Umfange, Fuß gefaßt hat, dann greift sie mit Riesenschritten um sich; es ist vergebliche Mühe, sie zu bekämpfen; hat man die Gefahr an einer Seite beseitigt, so taucht sie dafür an drei anderen Ecken und Enden auf.

Am empfindlichsten sind hierbei die Produkte der Hühnerzucht; es gehört nicht nur Geschick und Sachkenntnis, sondern auch viel Glück dazu, um den Winterbedarf verlustfrei zu konservieren. Trotzdem wird keine ordentliche Hauswirtin Bedenken tragen, den Wintervorrat selbst zu sammeln und in geeigneter Weise aufzubewahren; sie kennt den Unterschied zwischen dem Produkt ihrer sorglich gezüchteten Rassen und den minderwertigen Faß- und Kisteneiern und unterzieht sich gern der Arbeit des Konservierens, weil sie weiß, was sich dabei ersparen und welche Genüsse sich dabei gewinnen lassen.

Aber auch in solchen Wirtschaften, wo man nicht selbst Geflügelzucht treibt, empfiehlt es sich, selbst Vorrat an Eiern zu halten und im Herbste ausreichend frische Ware zu beschaffen, damit der Bedarf für den Winter gedeckt ist. Werden die Eier erst kurz vor dem Gebrauch beim Händler geholt, so muß man wohl oder übel nehmen was da ist, nämlich Lagerware. In Fässern oder Kisten verpackt treiben sich diese Eier monate- und vierteljahrelang bei Spediteuren herum und, wenn auch das eigentliche Faulwerden verhütet wird, so leidet doch die Qualität der Ware so erheblich, daß auch eine ungeübte Zunge und noch mehr die Nase den Unterschied herausfindet. Mit einem einzigen solchen angegangenen Ei kann unter Umständen eine ganze kostspielig zubereitete Speise verdorben werden.

Das Huhn ist nämlich ein Tier, welches sich in hohem Grade den Verhältnissen anpaßt, wie schon die große Zahl der Rassen und Spielarten beweist. Durch Zucht und geeignete Fütterung kann man das Huhn dahin bringen, sehr viel Eier zu legen, eine Methode, nach welcher in den großen, den Handelsbedarf deckenden Züchtereien gearbeitet wird. Es können dabei auch große, äußerlich recht schöne Eier erzielt werden — aber nur auf Kosten der Qualität, und daraus erklärt es sich, daß 10 Faß- oder Kisteneier noch lange nicht so viel wert sind, als eine kleinere Zahl Eier von den im eigenen Haushalt gezüchteten Hennen.

Die Sorge für Aufbewahrung des hierbei zu Zeiten sich ergebenden Ueberflusses ist kaum zu rechnen gegenüber den auf diese Weise sich bietenden Vorteilen; sie verschwindet vollständig, wenn man die frischen Eier nach folgendem Verfahren behandelt.

Dieses Verfahren ist so einfach, daß man sich wundern muß, warum es nicht schon längst im Haushalte Fuß gefaßt hat.

Man kauft also frische Eier, prüft sie abends, indem man

jedes Ei mit Daumen und Zeigefinger umschließt und gegen eine helle Flamme hält.

Ist das Ei hell durchscheinend, so ist es zum Einlegen zu verwenden. Ist es an einer Stelle dunkel, so verwendet man es sogleich, denn ein solches Ei wird auch in der besten Konservierflüssigkeit schlecht werden.

Je nach der Menge der Eier, welche man einlegen will, nimmt man einen großen oder kleinen Behälter von Glas, Porzellan, Steingut oder Holz und übergießt die Eier nach dem Einlegen mit folgender Mischung:

Liq. Natr. silicici crud. Ph. G. III
(Natronwasserglas)   1 Liter
Wasser   10 Liter

und zwar gießt man soviel auf, daß die Eier bedeckt sind. Vorher werden die Eier vom Schmutz gereinigt. Auf das Vorratsgefäß legt man einen Deckel oder Brett und nimmt die Eier nach Bedarf heraus.

Hat man große Tonnen eingerichtet, so läßt man unten einen Holzkrahn einsetzen und kann dann die Flüssigkeit nach Belieben ablassen. Die entnommenen Eier werden abgewaschen und benutzt.

Bedenkt man die außerordentlichen Summen, welche dem ganzen Volke durch diese genau angegebene Methode erhalten bleiben, so ist diese Art der Aufbewahrung von größter, ökonomischer Bedeutung für den Volkswohlstand.

Die Konservierflüssigkeit verschließt die Poren der Eischale. Will man die Eier kochen, so muß man mit einer starken Nadel ein Loch hineinbohren, damit die Luft entweichen kann, sonst platzt die Eischale.

Im weichgekochten Zustande sind Eier ein vorzügliches Nahrungsmittel, besonders für schwächliche Personen, weil die Bestandteile der Eier sehr leicht assimiliert werden.

Man genießt die Eier in den verschiedenartigsten Zubereitungen und allgemein wird anerkannt, daß Eier eine sehr nahrhafte Speise sind. Den Nährwert der Eier überschätzt man jedoch. 7 Eier enthalten so viele Nährstoffe wie ein Liter Milch und die eigene Berechnung zeigt Jedermann, daß die Eier im Verhältnis zur Milch teuere Nahrungsmittel sind. Ein Ei hat ungefähr den Nährwert wie 40 g gutes fettes Fleisch.

Das Durchschnittsgewicht eines Eies ist 53 g und kann man hiervon 6 g auf die aus kohlensaurem Kalk bestehende Schale, 31 g auf das Eiweiß und 16 g auf das Eigelb rechnen. Das Ei ohne Schale enthält 6 g trockenes Eiweiß und 5 g Fett. Am leichtesten sind die Eier zu verdauen, wenn man die rohen gequierlten Eier in heiße Fleischbrühe laufen läßt und dann mit der Fleischbrühe genießt.

Der ekelhafte Geruch fauler Eier entsteht durch Schwefelwasserstoff und Phosphorwasserstoff, welche sich bei der Zersetzung des Gehaltes bilden.

Das Feuer.

Im gewöhnlichen Leben versteht man unter Verbrennung die Vereinigung eines Körpers mit dem Sauerstoffe der Luft unter gleichzeitiger Erscheinung von Wärme und Licht.

Zur Einleitung einer Verbrennung ist eine bestimmte Temperatur nötig, bei welcher sich der Brennstoff entzündet. Die natürlichen festen Brennstoffe erleiden beim Erhitzen vor der Entzündung eine Zersetzung, bei welcher Dämpfe und gasförmige Körper gebildet werden; diese gasförmigen Produkte verbrennen mit Flamme, während der Rückstand (Kohlen oder Koks) beim Verbrennen nur glühen. In den häuslichen und gewerblichen Feuerungen verbrennt das Feuerungsmaterial nicht in reinem Sauerstoff, sondern in der Luft, einem Gemisch von Stickstoff und Sauerstoff.

Der eigentliche verbrennliche Teil unseres Heizmaterials sind der Kohlenstoff und der Wasserstoff.

Bei genügendem Luftzutritt verbrennt der Kohlenstoff zu Kohlensäure und der Wasserstoff zu Wasser. Kohlensäure und Wasserdampf entweichen in die Luft. Der Stickstoff der Luft wird hierbei nicht verändert.

Also die Luft muß an das Brennmaterial herangeführt werden, geschieht dies nicht, weil im Ofen noch zu viel Asche liegt, so kann die beste Kohle nicht brennen und auch nicht erwärmen.

Wie wird dieser einfache Vorgang so häufig mißachtet. Das Feuer brennt nicht, der Ofen zieht nicht mehr, die Kohlen taugen nichts! Das sind die Redensarten nachlässiger Dienstboten.

Hält man die Oefen nicht in Ordnung, so sind auch direkte Verluste damit verknüpft. Die eingeworfenen Kohlen verschlacken, verbrennen aber nicht vollkommen. Den Schaden hat immer die Herrschaft zu tragen.

Die Fische &c.

Das Fleisch der Fische ist ebenso nahrhaft und ebenso gesund und verdaulich wie das Fleisch anderer Tiere.

Wenn möglich sollen die Fische erst kurz vor der Zubereitung getötet werden. Das Fleisch der Fische verdirbt sehr schnell und kommen die Seefische daher stets in Eis verpackt in das Binnenland. Flußfische, welche in sumpfigen Gewässern gelebt haben, verlieren ihren Wohlgeschmack. Das Fleisch nimmt einen moderigen Geschmack an.

Für die Volksernährung kommen hauptsächlich der Häring und der Schellfisch in Betracht. Der erstere enthält reichlich Eiweiß und viel Fett und ist imstande eine allein nicht genügende Mahlzeit z. B. Kartoffeln oder Reis, zu einer völlig ausreichenden zu machen. Schellfische enthalten nur wenig Fett und werden stets mit Fett gegessen. Die seltenen Fische wie Forelle, Lachs, Karpfen &c. sind heute Luxusartikel und werden teuer bezahlt.

Die Sardinen in Oel werden besonders aus Frankreich zu uns gebracht. Die Fische kommen in großen Mengen an die französische Küste, werden nach dem Fange gesalzen, abgewaschen, in kochendes Olivenöl ca. eine Minute eingetaucht, in Blechdosen verpackt und nach dem Zulöten versandt.

Das Fleisch der K r e b s e, Krabben und Hummer ist hart und schwer verdaulich; sie gelten bei uns als Delikatesse und werden als solche hoch bezahlt.

Das Fleisch der Auster ist sehr leicht verdaulich. Die Auster wird meistens lebend gegessen, weil das Fleisch außerordentlich schnell verdirbt.

Beim Oeffnen der Schalen sieht man das Tier in einer wässerigen Flüssigkeit liegen, welche von Unerfahrenen als Meerwasser betrachtet und weggegossen wird. Dies ist nicht richtig, denn diese Flüssigkeit macht einen wesentlichen Teil des Tieres aus.

Die verschiedenen Fleischsorten.

Das Rindfleisch ist von allen Fleischsorten am meisten mit rotem Blutsaft angefüllt. Es besitzt ein dichteres Gewebe als andere Fleischsorten, enthält daher in dem gleichen Volumen mehr Nahrungsstoffe; aus diesem Grunde, und weil außerdem sein Geschmack voller und reicher als der anderer Fleischsorten ist, hat sich allgemein die Ansicht geltend gemacht, das es von allem Fleisch das nahrhafteste ist.

Das Sprichwort »Kalbfleisch ist Halbfleisch« hat eine gewisse Berechtigung, weil das Fleisch junger Kälber 80% Wasser enthält. Je älter das Kalb wird, um so besser wird auch das Fleisch.

Hammelfleisch hat feinere Muskelfasern und ein loseres Gewebe wie Rindfleisch. Es gilt allgemein als leicht verdaulich und wird deshalb gerne als Krankenkost empfohlen.

Die Art des Futters ist bei dem Schweine von größtem Einfluß auf die Qualität des Fleisches. Wegen des hohen Fettgehaltes gilt das Schweinefleisch als schwer verdaulich.

Wild und Geflügel haben ein feinfaseriges Fleisch mit dichterem Gewebe als das Fleisch der landwirtschaftlichen Schlachttiere. Gekocht und gebraten bildet das Fleisch dieser Tiere eine zarte, wohlschmeckende und leicht verdauliche Speise. In Folge der stärkeren Bewegung haben diese Tiere nur wenig Fett.

Das Fleisch der meisten Fische ist weiß von weißem Blut, es giebt aber auch rotblutige Fische, z. B. Lachs. Das Fleisch der Fische schmeckt sehr verschieden, hauptsächlich bedingt durch den Geschmack des Fettes. Das Fleisch der Fische ist ebenso nahrhaft und ebenso leicht verdaulich wie das Fleisch der Tiere.

Fleischspeisen sind für den Einzelnen wie für ganze Völker von größtem Einfluß auf die Leistungsfähigkeit. Völker, welche viel Fleisch verzehren, zeigen große Kraft bei der Arbeit und infolge dieser körperlichen Kraft besitzen sie Selbstvertrauen und Energie. Völker, welche fast nur von Pflanzenkost leben, sind in geistiger Beziehung feige und vermögen keine besondere Kraftentwickelung zu zeigen. Für zivilisierte Völker hat sich herausgestellt, daß eine aus Fleisch und Pflanzenteilen hergestellte Nahrung am vorteilhaftesten ist.

Erwärmt man das Fleisch bis 70°, so zersetzt sich der rote Blutfarbstoff und das Fleisch wird grau.

Kinder mögen manchmal das Fleisch nicht, weil sie es nicht zerbeißen können. Die Kaumuskeln sind noch zu schwach und deshalb muß das Fleisch sehr fein zerschnitten sein.

Frisches Fleisch wird beim Kochen nicht weich und muß deshalb einige Tage hängen. Es findet dann eine Veränderung des Fleisches, wahrscheinlich unter Einfluß von Bakterien statt. Jedes Fleisch ist um so leichter verdaulich, je besser es gekaut wird oder je feiner es in der Küche gehackt oder geschabt oder geklopft wird. Nach dem Schlachten der Tiere tritt die Totenstarre ein und diese beruht auf einem Festwerden der flüssigen Eiweißlösung, welche den Inhalt der Muskelfasern ausmacht; das Festwerden geschieht in ähnlicher Weise wie beim Eiweiß des Hühnereies wenn es erhitzt wird. Kurze Zeit nachher wird das Fleisch nach der Totenstarre wieder weich und dies ist die richtige Zeit zur Küchenverwendung. Liegt es länger, so tritt Fäulnis ein, welche mit einem vorsichtigen Ausdrucke bezeichnet auch *Kantgoût* genannt wird.

Fleischbrühe.

Um eine gute Fleischbrühe oder Bouillon zu erhalten, verfährt man in folgender Weise.

Man wäscht das Fleischstück schnell ab oder reinigt es, wenn nötig, durch Abreiben mit einem reinen Tuche. Das Fleisch wird mit kaltem Wasser aufgesetzt, ganz langsam erwärmt und im gelinden Kochen erhalten.

Das kalte wie das lauwarme Wasser löst einen Teil des Eiweißes aus dem Fleische. Später gerinnt dieses Eiweiß, tritt als Schaum an die Oberfläche des Wassers und nun erst setzt man Salz hinzu, damit die Fleischsalze leichter in das umgebende Wasser dringen können, denn jetzt will man ja die Nährbestandteile des Fleisches in der Fleischbrühe haben.

Um das Fleisch vollständig auszuziehen, muß man 5–7 Stunden schwach kochen lassen, je nach der Art und Größe des Fleischstückes. 1 Kilo muß 3 Stunden kochen.

Das kalte Wasser entzieht dem Fleische zuerst Fleischsalze und Eiweiß. Die Fleischsalze bleiben in der Brühe, das Eiweiß gerinnt, wenn das Wasser heiß geworden ist.

Das heiße Wasser verwandelt einen Teil des Bindegewebes in Leimsubstanz, und diese wird von der Brühe gelöst. Das Fett des Fleisches schmilzt und schwimmt auf der Fleischbrühe. Erkaltet die Fleischbrühe später, so erstarrt das Fett, und man nimmt es ab, um es bei nächster

Gelegenheit zu verwenden.

Vor allem entzieht das heiße Wasser dem Fleische die wichtigen Fleischsalze.

Die so erhaltene Fleischbrühe schmeckt kräftig, ist aber kein Nahrungsmittel, sondern ein Genußmittel, regt die Verdauung an und wirkt auf das Nervensystem belebend.

Häufig kocht man auch die Knochen mit aus und erhält in der Fleischbrühe auch die Substanzen, welche durch Wasser den Knochen entzogen werden können.

Die Knorpelsubstanz wird in Leimsubstanz verwandelt und löst sich in der heißen Brühe.

Die Fleischbrühe reagiert sauer und enthält von anorganischen Verbindungen hauptsächlich Phosphorsäure und Kali. Fleischbrühe von Rindfleisch ist am kräftigsten; vom Kalbfleisch und Hühnerfleisch milde und vom Wildpret am pikantesten.

Verwendet man auch Knochen und Knorpel zu der Fleischbrühe, so wird diese reicher an Leim und dem Geschmacke nach vollmündiger.

Fleischbrühe, in welcher ein Eigelb zerschlagen ist, wird Kindern, welche älter wie ein Jahr sind und Rekonvaleszenten gern verordnet. Einen Teller Bouillon vor dem Mittagessen zu nehmen kann man nur empfehlen. Die Brühe feuchtet den Magen an, erregt die Magensekretion und der Magensaft mischt sich leichter mit den festeren Speisen. Aus Rücksicht auf schnelle und vollständige Verdauung ist es praktisch, vor den festeren Speisen erst eine leichtere weichere Nahrung zu sich zu nehmen.

Gelée.

Die Gelées sind durchsichtige kalte Speisen, welche mit oder ohne Anwendung von Gallertstoffen angefertigt werden. Als Gallertstoffe werden Gelatine, Agar Agar, Hausenblase oder Kalbsfüße benutzt.

Löst man diese Gallertstoffe in einer gewissen Menge Flüssigkeit in der Wärme auf und läßt dann wieder erkalten, so erstarrt die gekochte Flüssigkeit zu einem Gelée.

Der Nährwert dieser Gallertstoffe ist sehr gering, sie enthalten keine Nährstoffe, sondern sind Luxusspeisen, welche meistens als Nachtisch serviert werden.

Bei den süßen Gelées oder den Fruchtgelées, denen man größere Mengen Zucker zusetzt, dient der Zucker als Würze, wirkt aber gleichzeitig als Nährstoff.

Aus frischen, unvergohrenen Fruchtsäften, z. B. Johannisbeersaft, kann man nach Beigabe von Zucker Gelées kochen, ohne Gelatine hinzufügen zu müssen. Die frischen Fruchtsäfte enthalten Pektinstoffe, welche ein Erstarren des Saftes beim Erkalten hervorbringen. Läßt man die Fruchtsäfte jedoch gären, so werden die Pektinstoffe zersetzt und geben beim Erkalten keine Gelées mehr.

Gelée aus Agar Agar.

Um ein Liter Gelée herzustellen verwendet man 5 Stangen Agar Agar. Diese Stangen werden ¼ Stunde in einem Liter Wasser eingeweicht, herausgenommen, ausgedrückt und zerzupft. Mit einem Liter Wasser stellt man sie 2 Stunden heiß, ohne die Flüssigkeit zum Kochen zu bringen.

Will man das Gelée ganz klar haben, so zerquirlt man 2 Eiweiß in wenig Wasser, giebt sie in die etwas erkaltete Geléemasse, rührt um und stellt wieder aufs Feuer. Das Eiweiß gerinnt und bindet alle trübemachenden Fäserchen. Jetzt filtriert man durch ein ausgewaschenes leinenes Tuch und stellt zum Erkalten bei Seite.

Will man ein Gelée aus Gelatine machen, so nimmt man auf ein Liter Flüssigkeit im Sommer 100 *g* und im Winter 80 *g* Gelatineblätter. Die Blätter wischt man mit kaltem Wasser ab und löst sie durch Kochen auf. Nach dem Lösen klärt man, wie oben mitgeteilt, durch 2 Eiweiß und filtriert.

Gemüse, Kräuter und Salate.

Das Kochen der Gemüse hat den Zweck, diese für den menschlichen Organismus leichter verdaulich zu machen. Vollständig gereinigt legt man sie in die k o c h e n d e F l e i s c h b r ü h e oder in kochendes, leicht gesalzenes Wasser und überläßt sie so lange der Siedetemperatur, bis sie weich sind.

Auch hier ist es wichtig, daß der Pflanzensaft in den Blättern bleibt, denn mit kaltem Wasser ausgelaugt, bleibt nichts zurück, wie ein geschmackloses Zellengewebe.

Um dem Gemüse die schöne grüne Farbe zu erhalten, muß man k o c h e n d e Fleischbrühe verwenden und darf den Deckel nicht auf den Topf legen. Der Dampf mit seinen flüchtigen Bestandteilen muß entweichen können.

Die grüne Farbe rührt her von dem in den Zellen befindlichen Blattgrün, und dieses Blattgrün behält seine Zusammensetzung nur bei obigem Verfahren.

Die scharfen Bestandteile des Blattgrüns werden durch schnelles Abkochen zersetzt.

Alle grünen Gemüse, alle Kohlarten und Rüben müssen in ihrem eigenen Safte gekocht werden, damit sie, ebenso wie das Fleisch, ihren Nährwert behalten. Viele dieser Gemüse geben an kochendes Wasser färbende und übelriechende Stoffe ab. Um diese Stoffe zu entfernen, werden diese Gemüse abgebrüht und das Wasser dann abgegossen.

Uebergießt man die grünen Gemüse mit kochendem Wasser, so läßt sich im Dampfe das sehr unangenehm riechende Schwefelwasserstoffgas nachweisen.

Giebt man in die Fleischbrühe oder in das Wasser, welches zum Kochen der Gemüse benutzt werden soll, einen halben Theelöffel voll Dr. Oetker's Kochpulver, so werden die Gemüse viel schneller weich und viel verdaulicher. Z. B. Spinat, Grünkohl, Schwarzwurzel, Weißkraut.

Das Kochen der grünen Gemüse veranlaßt zuerst das Absterben der vorher lebenden Zellen. Der Zellsaft fließt aus und Wasser dringt in die Zellen. Am besten erkennt man dies beim Kochen der roten Rüben. In kaltes Wasser gelegt bleibt das Wasser hell, kocht man jedoch, so fließt der rote Saft der Zellen in das umgebende Wasser.

Eine weitere Einwirkung der Hitze ist das Gerinnen des Eiweißes und ein Aufquellen der Stärkemehlkörner, welche fast in allen Gemüsen mehr oder weniger sich finden.

Der Nährwert der Gemüse ist ein geringer und werden sie nur als eine angenehme Zuspeise genossen; sind aber trotzdem für das Wohlbefinden von großer Bedeutung, weil sie mit den Nahrungsstoffen den Magen füllen und hierdurch das angenehme Gefühl der Sättigung hervorrufen.

Einige dieser Gewächse werden nur wegen ihrer eigentümlichen Bestandteile auf den Tisch gebracht. So rührt der saure Geschmack des Sauerampfers vom sauren oxalsauren Kalk her. Der Kopfsalat enthält saueres zitronensaures Kalium. Der scharfe Geschmack des Rettigs, der Radieschen, der Zwiebeln und des Meerrettig ist bedingt durch Senföl. Diese Kräuter und Salate sind also Genußmittel, aber keine Nahrungsmittel.

Das Einsalzen geschieht bei Kohl, Bohnen, Rüben und Gurken; Kohl und Bohnen werden nach dem Zerschneiden mit Salz und Gewürzen in einem Faß eingestampft. Das Salz entzieht dem Gemüse einen Teil des Wassers und bildet eine Salzlake. Die Menge des angewandten Salzes ist aber nicht groß genug um eine Gärung zu verhindern. Es findet eine Milchsäure-Gärung statt und die entstandene Milchsäure wirkt fäulnishemmend. Aus diesem Grunde haben Sauerkohl und Faßbohnen einen saueren Geschmack.

Gurken und rote Rüben werden mit Essig und Gewürzen eingemacht. Hier verhindert der Essig das Verderben.

Die Gewürze.

Unsere wichtigsten Nahrungsmittel wie reines Eiweiß, reine Stärke, reines Fett sind geschmacklos und nur durch Hinzugabe von Gewürzen ist es uns möglich, diese unbedingt notwendigen Nahrungsmittel mit Wohlbehagen zu genießen.

Der Zucker ist Nahrungsmittel und gleichzeitig Genußmittel.

Das Kochsalz ist Nahrungsmittel und Genußmittel; kein Mensch kann ohne Kochsalz leben. Das Salz ist ein nie fehlender Bestandteil des Blutes. Alle pflanzenfressenden Tiere haben Heißhunger nach Salz; aber die Tiere, welche nur Fleisch fressen, haben kein Salz nötig, weil sie das salzhaltige Fleisch und Blut der gefangenen Tiere aufnehmen und so für ihren eigenen Körper genug Kochsalz aufnehmen.

Je reiner das Salz ist, um so schöner für den Tisch. Dann bleibt es auch längere Zeit trocken. Ein feucht werdendes Salz ist nicht genug gereinigt.

Manchmal hört man auch die Ansicht vertreten, die eine Sorte Salz sei kräftiger wie eine andere. Das ist eine falsche Ansicht, Salz ist Salz, und wenn man eine Speise mit abgewogenen Mengen Salz würzt, so wird nachher Niemand herausschmecken, ob man die eine oder die andere Sorte Salz benutzt hat.

Den Würzstoffen unserer Speisen sind auch folgende zuzuzählen, welche alle auf dem Wege des Reflexes die Verdauungsthätigkeit erhöhen.

Zucker, Kochsalz, scharfschmeckende Substanzen und ätherische Oele und Weine regen, auf die Zunge gebracht, die Sekretion der Speicheldrüsen und die Abscheidung des Magensaftes an. Aus diesem Grunde trinkt man vor größeren Mahlzeiten ein Glas starken Wein oder eine Tasse Bouillon oder man ißt ein Schnittchen mit Caviar.

Als wirkliche

Genußmittel

bezeichnet man die Substanzen, welche erst nach Aufnahme in den Blutkreislauf ihre Wirkung auf das Nervensystem ausüben können. Hierher gehören alle alkoholhaltigen Getränke, Kaffee, Thee und Tabak. Diese charakteristisch wirkenden organischen Stoffe könnte man passend als Nervenreizmittel bezeichnen und sind sie in vernünftigem Maaße benutzt keineswegs als etwas durchaus Schädliches zu bezeichnen.

O. Funke giebt seiner Ansicht folgenden treffenden Ausdruck:

»Es ist thöricht und unberechtigt, auch den bescheidensten Genuß der genannten Reizmittel zu verwerfen. Man braucht sie nicht damit in Schutz zu nehmen, daß der Trieb, sie in irgend welcher Form sich zu verschaffen, wiederum der Ausfluß eines untilgbaren Menscheninstinktes ist, der sich zu allen Zeiten und bei allen Völkern geltend gemacht hat.

Man braucht sich nur zu fragen: »Muß denn unsere

Maschine, wie das Pendel der Uhr, immer in demselben monotonen, langweiligen Tempo arbeiten? Was schadet es ihr denn, wenn sie von Zeit zu Zeit mit etwas stärker gespanntem Dampf etwas rascher pumpt, sobald sie nur in den darauffolgenden Intervallen bei langsamerer Arbeit die kleine Luxusausgabe von Kraft aus dem genügenden Vorrat wieder einbringen und etwaige kleinere Defekte ihres Mechanismus wieder ausbessern kann?« Wahrlich, manche leuchtende, fruchtbringende Idee ist schon aus einem Römer duftenden Rheinweines geboren, welche vielleicht nie den nüchternen Wasserkrügen der Vegetarianer entstiegen wäre; manch bitteres Herzweh, das bei Himbeerlimonade tiefer gefressen hätte, hat ein Schälchen Kaffee gemildert; manche Sorge, manche Grille hat sich mit dem Rauch einer Zigarre verflüchtigt und das ist doch auch etwas wert in so mancher armseligen Menschenexistenz.«

———————————————————————

Gewürze!

Es giebt eine Anzahl Kräuter, Samen und Früchte, welche sich im Haushalte eingebürgert haben ohne jedoch Nahrungsmittel zu sein. Diese Pflanzenteile haben einen auffallenden Geruch oder Geschmack und deshalb benutzt man sie um Speisen mit diesem Geschmacke zu durchtränken.

Diese Gewürze gehören zu den Genußmitteln und sind deshalb von größter Bedeutung für den Wohlgeschmack unserer Hauptnahrungsmittel. Das was wir im Allgemeinen als Geschmack bezeichnen ist vielmehr ein Riechen wie ein Schmecken und wer einen tüchtigen Schnupfen hat wird finden, daß auch der Geschmack der Speisen sehr nachgelassen hat.

Für alle Kuchen und Puddings hat sich nun Zitronen und Vanille am meisten eingeführt. Von der Zitrone reibt man die gelbe Außenhaut mit dem aetherischen Oele ab und verwendet nach Belieben.

Die Vanille-Schoten zerstößt man mit Zucker oder kocht sie mit Milch aus. Da nun die Vanilleschoten sehr teuer sind, so hat sich in letzter Zeit Vanillin-Zucker eingeführt und die kleinen 10 Pfg. Päckchen, welche von Dr. Oetker versandt werden, finden immer mehr den Beifall der Hausfrauen.

Was man früher mit 50–75 Pfg. bezahlen mußte, erhält man jetzt für 10 Pfg. Es giebt kaum einen anderen

Küchenartikel, welcher sich so schnell eingeführt hat. Um Puddings, Getränke, Saucen, Kuchen &c. mit dem prächtigen Vanille-Aroma zu versehen, braucht man nur von diesem Vanillin-Zucker unterzurühren.

Der Käse.

Alle scheinbar so verschiedenen Käse werden mit geringen Abweichungen auf die nämliche Art bereitet. Als Rohmaterial dient die Milch, welche mit Labessenz oder Labpulver versetzt den Käsestoff in festen Gerinnsel ausfallen läßt. Dieser Käsestoff wird gepreßt, damit alle Milch entfernt wird, gewürzt und in bestimmte Formen gebracht. Ein Hauptunterschied besteht darin, welche Art von Milch man verwendet.

Stellt man den Käse aus frischer nicht abgerahmter Milch her, so erhält man Rahmkäse. Verwendet man abgerahmte süße Milch, so erhält man einen Süßmilchkäse. Hat man aber abgerahmte saure Milch benutzt, so ist Sauermilchkäse das Resultat.

Sogenannte Handkäse oder Bauernkäse sind Sauermilchkäse, welche mit Salz und Kümmel vermischt überall auf den Markt kommen. Allgemeiner bekannt sind von diesen Sauermilchkäsen der Mainzer, Harzer und Nieheimer Käse.

Ist der Käse geformt, so kommt er in die Keller zum Reifen. Unter dem Reifwerden des Käse versteht man eine Veränderung des Eiweißes. Diese Veränderung des Eiweißes bringt auch ein anderes Aroma des Käse hervor. Gleichzeitig findet in der ganzen Masse des Käse eine durch sehr kleine Lebewesen der Pflanzenwelt hervorgebrachte Gärung statt. Auch hierbei entstehen geringe Mengen riechender

Substanzen, z. B. Buttersäure und die nicht riechende Kohlensäure. Durch diese Kohlensäure entstehen die Löcher, welche wir im Schweizerkäse sehen.

Der Käse ist leicht verdaulich und wird umso leichter von den Verdauungssäften gelöst je lockerer er ist, je feiner er gekaut oder geraspelt wird.

Käse ist in Bezug auf seinen hohen Nährwert ein billiges Nahrungsmittel und kann als solches nicht genug empfohlen werden. Die teueren ausländischen Käse sind Luxuskäse und müssen höher bezahlt werden.

Aus Schafmilch wird der Roquefortkäse gemacht und die grüne Farbe wird durch Schimmelpilze bedingt.

Der Käse ist ein außerordentlich wichtiges Nahrungsmittel, da er wegen seines hohen Eiweißgehaltes und seiner Fettsubstanz für den Organismus sehr wichtig ist, und so niedrig im Preise steht, daß er von Jedermann gekauft werden kann. Besonders die Quarkkäse mögen empfohlen sein als Beigabe für die Speisen, welche wenig Eiweiß enthalten.

Der Käse wird sehr gut verdaut. Einige Menschen giebt es jedoch, welche behaupten, abends keinen Käse vertragen zu können. Die teuren Käse sind Luxusartikel und der hohe für sie verlangte Preis steht nicht im Einklange mit ihrem Nährwerte, sondern der Preis wird bezahlt für den angenehmen Geschmack und das pikante Aroma.

Wie bereitet man einen g u t e n Kaffee?

Zu den edelsten Himmelsgaben gehört der braune Trank des Südens, der Kaffee, der überall, wo er bekannt wurde, trotz aller Verbote und Verdächtigungen, sich schnell zum eigentlichen Hausgetränk einbürgerte. Das liebliche Aroma dieser Bohnen mit seinen wohlthuenden Wirkungen auf Verdauungsorgane und Nervensystem erfüllt alle Voraussetzungen eines Genußmittels für den täglichen Gebrauch, es macht den Kopf klar und die Augen hell.

Guter Kaffee ist eine Delikatesse, die ihres gleichen sucht. Aber wie vom Erhabenen zum Lächerlichen nur ein Schritt ist, so berühren sich auch die Gegensätze in der Kunst des Kaffeekochens und leider giebt es da so viele Hausfrauen, die ihr nach alter Schablone hergestelltes Getränk, für welches der Volksmund eine ganze Reihe lieblicher Kosenamen erfunden hat, noch übers Bohnenlied herausstreichen. Ueber den Geschmack läßt sich natürlich nicht streiten, wenn aber, wie es so manchmal geschieht, die fehlenden Vorzüge eines recht dünnen Getränkes darin gefunden werden sollen, daß starker Kaffee für Gesunde nervenschädlich sei, so ist das auf alle Fälle eine sehr kühne Behauptung, welche lebhaft an die schöne Fabel vom Fuchs und den sauren Trauben erinnert.

Gerade diejenigen Stoffe, welche dem Kaffee seinen Wert geben, gehen bei der üblichen Weise seiner Bereitung häufig verloren; wenn die gemahlenen Bohnen in das siedende Wasser geschüttet werden, dann entwickelt sich schnell ein starkes, durch drei bis vier Zimmer dringendes Aroma — aber wie selten kommt doch eine Hausfrau auf den naheliegenden Gedanken, daß die Würze, welche in die Luft entweicht, dem fertigen Getränk entzogen werden muß! Was nützt es dann, den faden Geschmack des Letzteren durch allerhand Zusatzmittel zu verbessern? Der Kenner findet die Täuschung nur zu leicht heraus, denn man kann den Kaffee auf solche Weise wohl bitter und schwarz, niemals aber wohlschmeckend machen.

Etwas besser schon ist das Aufgußverfahren, bei welchem die Bohnen im Trichter mit heißem Wasser übergossen werden. Der auf diese Art gewonnene Kaffee ist zwar ziemlich gut, denn wenn das durchfließende Wasser auch einen Teil der Bestandteile auszieht, so bleibt doch stets noch ein Teil in den Bohnen zurück. Sucht man diesen Uebelstand durch besonders feines Mahlen der Bohnen zu beseitigen, so erhält man ein trübes oder graues Getränk, welches sich schon durch seine äußere Erscheinung nicht recht empfiehlt.

Die Haupterfordernisse zur Bereitung eines tadellosen Kaffees sind reinschmeckende Bohnen und richtige zweckentsprechende Beschaffenheit des Wassers, denn dasselbe muß im Stande sein, die wirksamen Stoffe den Bohnen zu entziehen und sie vollständig zu binden. Man giebt dem Wasser diese Eigenschaft durch einen billigen Zusatz, genannt Dr. Oetker's Kochpulver. Dieses weiße Pulver ist eine Mischung von Substanzen, welche sich vorzüglich bewährt haben. Erst hierdurch gelingt es, den Kaffee zu dem zu machen, was er sein soll, zu einem kräftigen, würzigen, von allen unangenehmen Wirkungen freies Hausgetränk.

Man verfahre folgendermaßen:

Den frisch gemahlenen Kaffee z. B. 3 Lot (nach der alten Methode gemessen) giebt man auf den Trichter, füllt einen Löffel mit kochend heißem sprudelndem Wasser, giebt in den Löffel eine Messerspitze voll Dr. Oetker's Kochpulver und gießt diese Lösung über die gemahlenen Bohnen.

Nach einigen Minuten giebt man das übrige, immer im Kochen erhaltene Wasser auf den Kaffee und erhält ein Getränk, wie es vorzüglicher nicht hergestellt werden kann, und wird der Kaffee den Beifall eines jeden Kenners finden.

Wie kommt das denn, wird manche Hausfrau fragen, daß ein weißes Pulver dem Kaffee eine viel dunklere Farbe und einen volleren Geschmack verleihen kann?

Wenn Kaffeebohnen geröstet werden, so entwickelt sich auf den Bohnen und in den Zellen ein Oel, welches die volle Einwirkung gewöhnlichen Wassers verhindert. Das Wasser kann nicht in die Zellen eindringen, kann also aus den Zellen auch nichts aufnehmen. Dr. Oetker's Kochpulver giebt dem Wasser nun die Eigenschaft, die abstoßenden Eigenschaften des Kaffeeöles zu überwinden. Der Kaffee wird also dunkler infolge seines höheren Gehaltes an Extrakt. Der Geschmack dieses Kaffees ist voller, runder wie man zu sagen pflegt, weil ein solcher Kaffee die Geschmacksnerven in angenehmer Weise beeinflußt.

Ein guter Kaffee wirkt anreizend und belebend auf das Nervensystem; wer hungrig ist und Kaffee trinkt, merkt den Hunger nicht so sehr, aber gestillt wird der Hunger durch Kaffee niemals. Der anregende Bestandteil ist das Caffeïn.

Kartoffeln.

Das Kochen der Kartoffeln hat den Zweck die in den Kartoffeln enthaltene Stärke leichter verdaulich zu machen. Wie soll man die Kartoffeln kochen?

Die Kartoffeln werden sorgfältig abgewaschen und geschält.

Die geschälten Kartoffeln legt man sofort wieder in kaltes Wasser, sonst werden sie mißfarbig.

Man setzt sie mit kaltem, gesalzenen Wasser auf das Feuer und bedeckt den Topf mit einem Deckel.

Der entstandene Schaum wird abgeschöpft und die Kartoffeln so lange gekocht, bis sie sich bei dem Stechen weich zeigen. Die Kochzeit ist eine viertel bis eine halbe Stunde und hängt von der Art der Kartoffeln ab.

Hat man das Kochwasser rein abgegossen, so stellt man den Topf zugedeckt noch wenige Minuten auf das Feuer, damit das in den Kartoffeln noch vorhandene Wasser verdampfen kann. Man bringt die Kartoffeln in einer bedeckten Schüssel auf den Tisch.

Je lockerer, je mehliger die Kartoffel geworden ist, um so schöner sieht sie aus, und um so leichter ist sie zu verdauen.

Die Kartoffeln werden, wie oben gesagt, mit gesalzenem kalten Wasser aufgesetzt. Wird das Wasser nun warm, so wird gleichzeitig das Wasser in den Zellen der Kartoffel warm, und hat dieses Wasser die Siedehitze erreicht, so verlieren die Stärkekörner ihre Form und gehen in Kleister über. Gießt man jetzt das Kochwasser ab und läßt die Kartoffeln noch etwas auf dem Feuer, so wird das Wasser in den Zellen in Dampf verwandelt, zerreißt die Zellen, entweicht und die Kartoffel ist mehlig und wohlschmeckend.

Noch besser ist es, die Kartoffeln nur im Dampfe gar zu kochen, aber in den meisten Haushaltungen haben sich die Dampfkochtöpfe noch nicht eingeführt.

Dem Kochwasser der Kartoffeln setzt man Salz zu. Dies hat den Zweck, den Kartoffeln einen angenehmen Geschmack zu geben und außerdem den Austritt der Kartoffelsalze, welche für die Ernährung wichtig sind, zu verhindern.

Will man Pellkartoffeln oder Kartoffeln in der Schale bereiten, so werden die Kartoffeln gewaschen und so gekocht, wie oben angegeben ist. Hat man das Kochwasser abgegossen, so legt man zwischen Topf und Deckel ein reines zusammengelegtes Tuch. Der Dampf kann aus dem Topfe dann nicht so schnell entweichen, die Kartoffeln werden noch mehliger, und die Schale platzt auf.

Wird die Kartoffel einige Zeit einer Temperatur von 0° ausgesetzt, so geht ein kleiner Teil der Stärke in Zucker über und die Kartoffel schmeckt süß. Dieser Geschmack ist nicht angenehm, und um ihn zu entfernen, stellt man die Kartoffeln einige Tage in einen warmen Raum, z. B. in die Küche. Der Zucker verschwindet aus der Kartoffel, weil er durch den Sauerstoff der Luft zu Kohlensäure verbrannt wird. Die Kartoffel schmeckt nicht mehr süß und kann gebraucht werden.

Je mehliger die Kartoffel beim Kochen wird, um so reicher ist sie an Stärkemehl, um so wertvoller als Nahrungsmittel.

Besonders möge hervorgehoben werden, daß der Kartoffelbrei die beste Form ist, um den Nährstoff vollständig oder fast vollständig auszunutzen.

Neben den Kartoffeln sind stets Eiweiß- und Fett enthaltende Nahrungsstoffe mit zu genießen, weil die Kartoffel gar kein Fett und nur sehr wenig Eiweiß enthält. Mit diesen Stoffen läßt sich die Kartoffel zu zahlreichen, sehr wohlschmeckenden Speisen vereinigen und ist deshalb für den täglichen Gebrauch gar nicht mehr zu entbehren.

Die Mohrrüben und die weißen Rüben dienen ebenfalls nur als Beigabe zu Fleischkost. Ihr Gehalt an Nährstoffen ist sehr gering.

Kartoffeln und Rüben sind für den Verdauungsvorgang sehr wichtig, weil sie Verstopfung verhindern; eine Erscheinung, welche häufig eintritt bei Menschen, welche viel Fleisch essen.

Das Kochen.

Das Kochen eines Nahrungsmittels hat den Zweck, dieses Nahrungsmittel leichter verdaulich und schmackhafter zu machen.

Will man ein Stück Fleisch kochen, um es als Hauptspeise auf den Tisch zu bringen, so muß man in folgender Weise verfahren.

Man bringt das Wasser, in welchem das Fleisch gekocht werden soll, zum Sieden und legt das Fleisch hinein. Durch das kalte Fleisch wird das Wasser abgekühlt. Man läßt das Wasser stehen, bis es wieder siedet. Jetzt stellt man den Topf bei Seite und läßt abkühlen, bis das Wasser nur noch lauwarm ist, rückt den Topf jetzt wieder auf das Feuer und läßt ganz schwach weiterkochen, bis das Fleisch weich genug ist.

Warum muß man das Fleisch so und nicht anders kochen?

Legt man das Fleisch in das kochende Wasser, so gerinnt das Eiweiß an der Oberfläche des Fleisches und schließt den Fleischsaft so völlig ein, das nichts entweichen kann. Würde man das Fleisch jetzt weiterkochen, so würde mehr und mehr Eiweiß gerinnen und das Fleisch zähe werden. Deshalb läßt man das Wasser abkühlen, damit das Innere des Fleischstückes die Temperatur des umgebenden Wassers annimmt.

Jetzt stellt man es wieder auf das Feuer. Langsam wird das Wasser und mit ihm der Saft im Fleische heißer, und so kocht das Fleisch in seinem eigenen Safte weich. Das Resultat ist ein gutes Stück Fleisch, saftig und leicht verdaulich.

Will man jedoch eine gute S u p p e kochen, so muß man gerade entgegengesetzt verfahren.

Der Zweck ist eine Fleischbrühe zu erhalten, welche die löslichen Bestandteile des Fleisches enthält, und dies wird in folgender Weise erreicht:

Das Fleisch wird in kleine Stücke zerschnitten, mit kaltem Wasser aufgesetzt und ganz langsam zum Kochen gebracht. Im Anfange fügt man kein Salz hinzu, damit die Fleischsalze um so leichter in das Wasser übergehen. Hat es genügend gekocht, so giebt man nach Geschmack Salz und Gewürz hinzu.

Will man irgend ein Nahrungsmittel auskochen, so muß man nach diesen Grundsätzen handeln und immer wieder bedenken, daß der wichtigste Bestandteil des Fleisches und der Gemüse, nämlich das Eiweiß, durch die Hitze gerinnt.

Beim Kochen des Fleisches werden diesem stets wichtige Bestandteile entzogen und deshalb ist es unbedingt erforderlich, die Fleischbrühe als Suppe auf den Tisch zu bringen oder das Gemüse in der Fleischbrühe zu kochen.

Das Kochen der Hülsenfrüchte.

(Erbsen, Bohnen, Linsen.)

Die Hülsenfrüchte sind wegen ihres großen Gehaltes an Eiweißstoffen sehr wichtige Nahrungsmittel.

Sie sind jedoch schwer verdaulich, müssen deshalb sehr weich gekocht sein und dürfen nicht in zu großen Mengen genossen werden.

Der wichtigste Bestandteil ist das Eiweiß, Legumin genannt, und da dieses mit h a r t e m Wasser nicht weich wird, so muß man das harte Wasser erst weich machen. Dies geschieht durch Zusatz von Kochpulver; eine Messerspitze voll bis 1 Theelöffel, je nach der Menge der zu kochenden Früchte. Auf ein Pfund Erbsen genügen zwei Messerspitzen voll.

Durch Beifügung des Kochpulvers wird auch das Stärkemehl der Hülsenfrüchte aufgeschlossen und ist dann viel leichter zu verdauen. Durch Beifügung von Dr. O e t k e r ' s K o c h p u l v e r wird der Kalk des Wassers ausgeschieden und in den wichtigsten Bestandteil der Knochen umgewandelt. Das Kochpulver giebt man stets zuerst in das Wasser, dann erst die Hülsenfrüchte. Früher benutzte man zum scheinbaren Weichkochen der Hülsenfrüchte einen Zusatz von Soda oder auch doppelkohlensaurem Natron. Heute weiß man jedoch, daß das Pflanzeneiweiß sich nur in einem kombinierten

Salzgemenge löst, wie es unter dem Namen »Dr. Oetker's Kochpulver« in den Vertrieb kommt. Der Preis ist ein sehr niedriger, damit es in jeder Küche benutzt werden kann, zum Vorteil einer besseren Verdauung der wichtigsten Nahrungsmittel.

Die grünen Erbsen wie Bohnen sind sehr leicht verdaulich, weil die Zellwände noch dünn sind und durch das Kochen auseinander gehen.

Die getrockneten reifen Bohnen wie Erbsen und Linsen, müssen längere Zeit gekocht werden, um die mehr oder weniger verhärteten Zellwände zu erweichen, damit die verdauenden Säfte auf das Eiweiß und auf das gequollene Stärkemehl einwirken und in Lösung überführen können.

Benutzt man ungeschälte Erbsen, so müssen diese nach dem Weichkochen durch ein Sieb gerieben werden, damit die ganz unverdaulichen Schalen entfernt werden können.

Dürre Erbsen zu kochen. Dieselben werden mit Wasser gekocht, ohne Salz. Sind sie weich, dann treibt man sie durch ein Haarsieb, giebt auf 2 Pfund Erbsen einen halben Vierling frische Butter in eine gut verzinnte Kasserolle, 2 Eßlöffel voll feines Mehl, läßt dieses etwas anziehen, thut die durchpassierten Erbsen dazu, verrührt alles zusammen, bis die Masse schön glatt ist und giebt, wenn nötig, etwas Fleischbrühe bei. Dann kommt Salz, eine Prise weißen Pfeffers und 2 Knoblauchzwiebeln (fein gehackt) dazu. Man läßt das Gemüse auf der Platte kochen, damit es nicht anbrennt. Beim Anrichten giebt man etwas Jus oder braune Butter darüber. Man kann die Erbsen ebenfalls in einem Dampfkochtopf fertig machen, wodurch sie in der hälfte Zeit aufgetragen werden können.

Dr. Oetker's Konservierpulver für Fleisch.

Frisches Fleisch verdirbt im Sommer sehr schnell. Nach 24 Stunden schon beginnt die Zersetzung; hervorgerufen durch die Bacterien, welche aus der Luft auf das Fleisch fallen. Da nun frisches Fleisch frei von Bacterien ist, so beruht alles Konservieren des Fleisches in einer Vernichtung der aufgefallenen Bacterien. Die Oberfläche des Fleisches muß so verändert werden, daß die Bacterien sich nicht entwickeln können.

Will man das frische Fleisch für Küchenzwecke circa 8 Tage konservieren, so geschieht dies am einfachsten durch Einreiben des Fleisches mit Dr. Oetker's Konservierpulver. Das Fleisch nimmt dann keinen unangenehmen Geruch an, behält seine schöne Farbe und seinen vollen Nährwert.

Wenn das vom Metzger bezogene Fleisch schon etwas riecht, so verliert es beim Einreiben mit diesem Pulver den Geruch sofort.

Dieses Konservierpulver ist durchaus unschädlich. Will man das eingeriebene Fleisch verwenden, so spült man es vor dem Kochen oder Braten mit Wasser ab, wodurch das Konservierpulver entfernt wird.

Es ist in den Küchen Gewohnheit geworden, Fleisch in Milch oder Essig zu legen, um das Fleisch längere Zeit aufbewahren zu können. Der Essig wirkt konservierend in Folge seines Gehaltes an Essigsäure.

Die Milch wird nach wenigen Tagen sauer und dann wirkt die entstandene Milchsäure konservierend. Die Milch muß aber erneuert werden, damit sie keinen fauligen Geruch annimmt. Immer ist es praktisch, in dem Essig sowohl wie in der Milch einen Theelöffel voll Dr. Oetker's Konservierpulver zu lösen. Die Wirksamkeit wird hierdurch erhöht.

Der Preis dieses Konservierpulvers ist ein niedriger. Jede Hausfrau wird es gern verwenden, wenn sie bedenkt, wie viel Fleischstücke sie noch verwenden kann, welche man früher in Folge eingetretener Verwesung wegwerfen mußte.

In Päckchen *à* 10 Pfg. ist es in den Geschäften zu haben, welche den Vertrieb von Dr. Oetker's Küchenfabrikaten übernommen haben.

Die Luft.

Für das Leben der Menschen, Tiere und Pflanzen ist die uns umgebende Luft von größter Wichtigkeit. Von Luft allein kann niemand leben, ohne Luft aber auch nicht.

Bei der Atmung der Menschen und Tiere wird beständig Sauerstoff aufgenommen und Kohlensäure ausgeatmet.

Wenn in einem geschlossenen Raume, z. B. Schulen, Konzertsälen &c., eine große Anzahl Menschen längere Zeit beieinander sind, so wird die Luft für alle unerträglich. Früher glaubte man, dies rühre von der Kohlensäure her, welche ausgeatmet wird. Versuche haben jedoch bewiesen, daß dies nicht der Fall ist.

Die Luft in übermäßig besetzten Räumen wird schlecht und drückend durch andere uns noch unbekannte Produkte des Atems, sei es durch die ausgeatmete Lungenluft oder durch Schweißbildung oder durch Atmung der Hauptporen.

Die Luft ist häufig mit Staub verunreinigt; der Wind nimmt ihn mit wo er ihn findet und läßt ihn nach Aufhören der Strömungen wieder fallen. Die Mineralsubstanzen, welche der Wind mit sich bringt, sind für die Menschen von geringer Bedeutung. Wichtig sind jedoch die organischen Bestandteile, welche vom Winde aufgerührt überall sich niederlassen.

Die uns umgebende Luft ist erfüllt von einer großen

Menge kleiner Lebewesen der verschiedensten Art, die mit den Bewegungen der Luft überall hinwandern. Fallen diese Lebewesen auf ihren Wanderungen auf einen Boden, welcher sie festhält und welcher ihrer Entwickelung günstig ist, so entwickeln sie sich weiter und geben zur Erscheinung der verschiedensten Pflanzengebilde Veranlassung.

Diese sich so entwickelnden mikroskopisch kleinen Pflänzchen nützen uns Menschen oder bringen uns Schaden oder lassen uns gleichgültig.

Bei der Gärung der Spiritusmaische, bei der Selbstgärung mancher Biere, bei der Essiggärung, bei der Brotgärung und bei der Weingärung nützen sie uns. Fallen sie jedoch auf unsere Nahrungsmittel, z. B. Brot, so entsteht Schimmel und wir können es nicht mehr genießen. Fallen die Pilze &c. in die Milch, so wird diese sauer; kommen diese kleinen Lebewesen in eine Wunde, welche wir uns zugezogen haben, so fängt die Wunde an zu eitern. Ein Fleischstück wird an der Luft faul, weil die kleinen Pflanzen auf das Fleisch fallen, sich zu Milliarden vermehren und es ungenießbar machen.

Das Konservieren unserer Nahrungsmittel beruht darauf, daß wir versuchen, in irgend einer Weise das Auffallen dieser kleinen Lebewesen zu verhindern.

Die Luft großer Städte wird durch die Verbrennungsprodukte der Steinkohlen verschlechtert. Die Kohlen enthalten stets Schwefel, der Schwefel verbrennt zu schwefliger Säure.

Bei jeder Beleuchtung wird die Luft der Wohnräume verschlechtert durch die Verbrennungsprodukte. Bei Gasbeleuchtung bildet sich auch salpetrige Säure. Vielleicht ist dies die Ursache, daß in Zimmern mit Gasbeleuchtung, empfindliche Pflanzen nicht gedeihen.

Milch.

Die Milch ist für die Ernährung des Menschen von größter Wichtigkeit.

Da man der Milch nicht ansehen kann, ob sie von einem gesunden oder kranken Tiere stammt, so genieße man die Milch niemals ungekocht.

Läßt man die Milch einige Zeit stehen, so steigen die leichteren Fetttröpfchen in die Höhe und bilden den Rahm.

Läßt man Milch einige Zeit stehen, so zersetzt sich der Milchzucker unter dem Einfluß von Organismen in Milchsäure. Durch diese Milchsäure wird der Käsestoff der Milch abgeschieden.

Will man das Sauerwerden einige Tage lang verhindern, so muß die Milch sofort nach Empfang aufgekocht werden, damit die Organismen, welche das Sauerwerden hervorrufen, vernichtet werden.

Hat die Milch eine auffallende Farbe, besonderen Geruch oder Geschmack, so weise man sie zurück.

Es ist allgemein bekannt, daß man Milch durch Kochen haltbar machen kann; wenigstens 1 bis 2 Tage, wie es für den Haushalt meistens genügt.

Kocht man die Milch zu lange, so wird der Käsestoff verändert und löst sich nicht mehr so schnell im Magensaft.

Eine große Anzahl der Pilze, welche sich in ungekochter Milch befinden, wird durch dieses Kochen unschädlich gemacht. Einigen Arten schadet das Aufkochen jedoch nicht und diese sind es, welche im Sommer den Säuglingen so sehr viele Beschwerden machen und häufig den Tod herbeiführen.

Besonders sind es die Milchsäurebakterien, welche den Milchzucker unter starker Gasbildung zersetzen. Die Krankheiten, welche dabei auftreten, haben ihren Sitz im Magen und dann stellt sich nach genossener Milch Erbrechen ein; oder die Zersetzung des Milchzuckers findet im Dünndarm oder Dickdarm statt; die gebildete Milchsäure reizt die empfindlichen Schleimhäute und Diarrhöe ist die Folge.

Was kann man nun thun, um die Säuglinge, welche auf künstliche Ernährung angewiesen sind, über die gefährliche Sommerzeit hinüberzubringen und soweit es möglich ist gegen diese Krankheiten zu schützen?

1. Die Auswahl eines Milchlieferanten, welcher stets frische, mit möglichster Reinlichkeit gemolkene Milch liefert.
2. Sofortiges Aufkochen der Milch nach dem Empfange.
3. Beziehen der Milch in weißen Glasflaschen, deren Reinlichkeit leichter zu kontrollieren ist wie die der großen Blechkannen.

Treten trotzdem Erbrechen und Diarrhöe ein, so ist der Arzt der allein maßgebende Berater. Man warte nicht in der Hoffnung, daß es am nächsten Tage besser werde, sondern man schicke sofort zum Arzte.

Ein Kind im Alter bis zu 6 oder 7 Monaten ist nicht im Stande, Stärkemehl oder stärkemehlhaltige Nahrungsmittel zu verdauen. Wenn trotzdem den Kindern derartige Speisen gegeben werden, so ist eine Störung der Verdauung die Folge. Ist ein Kind ein Jahr alt, so werden stärkemehlhaltige Speisen schon vertragen, besonders wenn diese durch Kochen in Milch vollkommen aufgeschlossen sind. Ein Kind soll auch keine von den schweren verdaulichen Speisen, wie Roggenbrot oder Kartoffeln, in größeren Mengen genießen, weil die Organe zu sehr angefüllt werden.

Von den leicht verdaulichen Speisen lasse man ein Kind so lange essen bis es aufhört. Eine Gefräßigkeit unter Kindern giebt es nicht. Jedes Kind wird nur soviel verlangen bis es satt ist. Ein Kind braucht aber im Verhältnis zum Erwachsenen weit mehr Nahrung; der Körper will doch größer werden, während der Erwachsene nur soviel gebraucht, wie er zur Erhaltung seiner Kräfte nötig hat.

Es kommt vor, daß ein Kind gegen gewisse Nahrungsmittel einen ausgesprochenen Widerwillen hat; dann zwinge man das Kind nicht zur Aufnahme, sonst tritt Brechreiz ein. Die sogenannte Leckerheit des Kindes verliert sich, wenn ihm nach und nach die Speisen der Erwachsenen in kleinen Mengen vorgesetzt werden. Ein lebhaftes Kind verlangt mehr Nahrung wie ein ruhiges Kind. Je lebhafter ein Kind ist, um so mehr Arbeit leistet es und um so mehr Nahrung muß es haben, damit die verbrauchten Stoffe ersetzt werden.

Je besser das Futter ist, welches eine Kuh bekommt, um so besser ist die Milch. Manche scharfe Stoffe gehen in die Milch über und erteilen dieser einen unangenehmen Geschmack, z. B. Steckrüben oder Rapskuchen.

Die Milch für Kinder muß stets aufgekocht werden und nach dem Kochen muß der Milchtopf zugedeckt werden damit aus der Luft keine Pilze, Bakterien und Fliegen hineinfallen.

Der Milchkochapparat nach Professor Soxleth ist sehr verbreitet und gebe ich hier die Vorschrift zu seiner Benutzung, damit die Mütter sich zum Vorteile der Säuglinge danach richten können.

Gebrauchs-Anweisung.

1. Man verwendet möglichst frische Milch, und zwar Mischmilch von mehreren Kühen, nicht die Milch einer Kuh, verdünnt die Milch mit Wasser, giebt ihr passende Zusätze — bevor man sie erhitzt — oder verwendet sie im unverdünnten Zustande, nach Angabe des Arztes. Zur Bereitung der Mischungen dient das geschnäbelte Misch- und Einfüllglas, welches 1½ Liter faßt und in $\frac{1}{10}$; Liter eingeteilt ist.

2. Man füllt die für einen Tagesverbrauch ausreichende Menge der Milch oder der Milchmischung mittelst des Einfüllglases in die einzelnen Flaschen, welche 150, 200 oder 250 g fassen. Die Flaschen werden höchstens so voll gefüllt, wie vorstehende Zeichnung anzeigt, können aber auch zu ½, ¼ &c. voll gefüllt werden.

3. Man stellt die gefüllten Flaschen in den Flascheneinsatz, legt auf die Mündung jeder Flasche eine Gummischeibe, stülpt über den Hals der Flasche die Schutzhülse, stellt den Einsatz in den Kochtopf, füllt letzteren mit so viel kaltem Wasser, daß das Wasser im Kochtopf in gleicher Höhe mit der Milch in den Flaschen steht, drückt den Blechdeckel in den Topf — er darf nicht lose aufliegen — und erhitzt auf dem Herde, oder mittelst Gas- oder Petroleumofens, zum Kochen. Nachdem man das Wasser ¾ Stunden lang im lebhaften Kochen erhalten hat — wobei der Dampf stets am

Deckelrande herausblasen muß — hebt man den Deckel ab, wartet bis sich der Dampf etwas verzogen hat und nimmt nun den Einsatz samt Flaschen aus dem Kochtopf. Die Flaschen verschließen sich schon beim Abheben des Topfdeckels infolge eintretender Abkühlung von selbst (durch den Luftdruck). Sobald, nach etwa zehn Minuten, die Gummischeiben sich etwas eingezogen haben, kann man die Schutzhülsen abheben; zweckmäßiger ist es jedoch, hiermit bis zum völligen Erkalten der Flaschen zu warten, oder die Schutzhülsen überhaupt auf den Flaschen bis vor dem Oeffnen zu lassen. Da die Gummischeiben nach der Benützung etwas eingedrückt bleiben, so legt man sie bei der nächsten Kochung so auf die Flaschenmündung, daß die gewölbte Seite nach oben kommt.

4. Soll dem Kinde Milch gereicht werden, so stelle man eine der Flaschen in den Wärmebecher, fülle diesen mit kaltem oder lauwarmem Wasser und erhitze letzteres mittelst einer kleinen Spirituslampe oder auf dem Herde bis die Milch trinkwarm ist, d. h. bis die Flasche nach mehrmaligem Umschütteln an das Auge gedrückt, weder das Gefühl von Kühle noch Hitze hervorruft, also annähernd Körperwärme angenommen hat. Häufiges Schütteln der Flasche und Wiedereinstellen derselben in das Wasser beschleunigt die Erwärmung. Einstellen der kalten Flaschen in heißes Wasser oder rasches Abkühlen der noch heißen Flaschen im kalten Wasser bewirkt — wenn die Flasche auch nicht sofort springt — eine solche Veränderung im Glase, daß die Flaschen beim nächsten Kochen zerspringen. — Absolut unstatthaft ist es, sich von der Wärme der Milch durch Probieren zu überzeugen, da hierdurch leicht Gährungserreger oder Ansteckungsstoffe in die Milch gelangen können.

5. Für Spaziergänge oder Reisen können die Milchflaschen

auf mehrere Stunden dadurch warm erhalten werden, daß man sie heiß macht — jedoch nur so weit, daß die Gummischeiben noch gut eingezogen bleiben — und dann in wollene Tücher einwickelt; hierbei müssen die Schutzhülsen auf den Flaschen bleiben.

6. Erst wenn die Milch trinkwarm geworden ist und unmittelbar vor der Verabreichung derselben öffnet man die Flasche, indem man den Rand der Gummischeibe nach aufwärts drückt; hierbei tritt Luft in die Flasche und die Gummischeibe liegt nun lose auf der Flaschenmündung.

7. Von dem Kinde übrig gelassene Milch soll für die Ernährung des Säuglings nicht mehr verwendet werden. Verschlossen gebliebene Flaschen können aber am 2. oder 3. Tage ohne Anstand noch benutzt werden.

8. Behufs Reinigung der Milchflaschen fülle man dieselben sofort nach dem Gebrauch mit Wasser, damit die Milchreste nicht eintrocknen, säubere sie mit breiförmig nasser Holzasche und mit Zuhilfenahme der Drehbürste, oder man fülle die Flaschen halbvoll mit Emailschrot und Wasser und schüttle sie kräftig. Die spiegelblank gereinigten Flaschen stellt man umgekehrt in das Holzgestell oder in den Flascheneinsatz. Die von den Flaschen abgenommenen Gummischeiben legt man ins Wasser und entfernt vor deren Wiederverwendung alle Milchreste durch gründliches Abwischen. Sie erhalten sich am längsten gebrauchsfähig, wenn man sie alle 4–6 Wochen mit Lauge — 1 Teil Laugenessenz und 2 Teile Wasser — eine Stunde lang auskocht. Ebenso sauber müssen die Schliffflächen an den Flaschenmündungen sein, sonst ziehen sich die Gummiplättchen nicht ein. Flaschen, deren Schliffflächen verletzt sind, lassen sich nicht verschließen, sind also durch neue zu ersetzen.

Wenn der Arzt keine andere Vorschrift giebt, so gelten für die Anwendung folgende Mischverhältnisse von Milch, Wasser und Milchzucker nach dem Alter des Kindes:

Alter:	Kuhmilch Eßlöffel	Abgekochtes Wasser	Verdünnungs- Verhältnis	Milchzu Zusa Theel
bis zur 2. Woche	1	4	1:4	1 gehä
bis zum Ende des 2. Monats	1	3	1:3	etwas ü gestricl
bis zum 4. Monat	1	2	1:2	1 gestric
bis zum 6. Monat	2	2	1:1	knapp 1
bis zum 8. Monat	2	1	2:1	knapp 1

und von da ab auf 6 Eßlöffel ungemischte Kuhmilch ein gestrichener Theelöffel Milchzucker.

Die Kuhmilch unterscheidet sich von der Muttermilch durch ihren hohen Gehalt an Eiweiß und deshalb muß die Kuhmilch so weit verdünnt werden, daß der Gehalt an Eiweiß dem Verhältnisse wie es in der Muttermilch enthalten ist, möglichst nahe kommt.

Kommt diese verdünnte Kuhmilch in den Magen des Kindes, so gerinnt das Eiweiß zu einer dicken Masse und um dies zu verhindern, koche man die Milch mit einer Messerspitze voll Gustin, dann scheidet sich das Eiweiß in feinen Flocken ab, schließt die Fettkügelchen der Milch ein und der Magensaft kann das Eiweiß leicht in Lösung bringen.

Magermilch.

Nach dem Buttern erhält man je nach der Methode, welche man angewandt hat, eine Magermilch von verschiedener Zusammensetzung.

In einem Liter Magermilch sind enthalten 40 Gramm Eiweißstoffe, welche in dem Nährwerte 160 Gramm magerem knochenfreien Fleische entsprechen.

Ferner sind darin enthalten 47 Gramm Milchzucker, welche einem Nährwerte von 20 Gramm Butter entsprechen. Außerdem noch 2½ Gramm Butterfett in Gestalt feinst verteilter Tropfen. Rechnet man diese Werte zusammen, so ist ein Liter Centrifugenmilch einer Fleischmenge von 182 Gramm gleichwertig.

Kostet das Pfund knochenfreies Kochfleisch 75 Pfennig, so haben diese 182 Gramm einen Wert von 27 Pfennig, während die Molkereien das Liter Magermilch gern mit 6 Pfennig verkaufen. Die Nahrungsmittel sind in der Magermilch also 4½ mal so billig wie im Fleische.

Es giebt für die Menschen, besonders für heranwachsende Kinder, kaum ein billigeres Nahrungsmittel, schmeckt dabei sehr angenehm und löscht den Durst. Wo es immer möglich ist, gebe man den Kindern die Magermilch als ein schönes Sommergetränk. Die süße Magermilch ist eine der billigsten Quellen für tierisches Eiweiß. Insbesondere empfiehlt es sich, diese süße Magermilch zum backen von Weißbrot zu benutzen.

Der Thee.

Eines der angenehmsten Genußmittel ist der Thee und seine anregende Wirkung auf das Nervensystem ist der Wirkung des Kaffees ähnlich. Diese Wirkung verdankt der Thee seinem Gehalte an Coffeïn und seinen aromatischen Bestandteilen.

Die sachgemäße Herstellung eines guten Getränkes muß darauf gerichtet sein, daß man dem Thee seinen Gehalt an Coffeïn und sein Aroma entzieht, aber die bitteren Gerbstoffe der Theeblätter aufzunehmen vermeidet. Man übergießt mit sprudelnd kochendem Wasser, läßt 5 Minuten ziehen und gießt dann von den Blättern ab.

In dem kochenden Wasser löst sich das Coffeïn oder Theïn und läßt man einen starken Theeaufguß erkalten, so trübt er sich, weil etwas von dem gelösten Gerbstoffe mit Theïn ausscheidet.

Wenn man nach deutscher Art Kaffee bereitet und mit dem Theeaufguß vergleicht, so enthält 1 Tasse Kaffee ungefähr viermal so viel wirksames anregendes Ponicip wie eine gleiche Menge Thee. In England trinkt man den Thee viel stärker. In mancher Beziehung vermag der Thee den Alkohol zu ersetzen und es ist nur zu wünschen, daß das Theetrinken sich immer mehr einführt als ein wichtiger Hebel zum Bekämpfen der Trunksucht.

Die Verdauung.

Der Vorgang der Verdauung beginnt mit der Einführung der Speisen in den Mund, und schon in der Mundhöhle vollziehen sich verschiedene Prozesse.

Alle festen Nahrungsmittel werden gekaut und je besser sie gekaut werden, um so günstiger werden sie für den Magen und die weitere Verdauung vorbereitet.

Während des Zerkleinerns der Speisen durch die Zähne mischt sich der Speichel mit den Speisen. Durch Einwirkung des Speichels auf das Stärkemehl wird ein Teil des letzteren in Zucker verwandelt.

Haben die Speisen den Magen erreicht, so unterliegen die Eiweißverbindungen der Einwirkung des Magensaftes. Freie Salzsäure und Pepsin verwandeln die unlöslichen Eiweißverbindungen in lösliche, welche vom Organismus aufgenommen werden können.

Hat der Magensaft seine Arbeit vollendet, so geht der Speisebrei in den Darm und unterliegt hier der Einwirkung, des Darmsaftes. Was vom Stärkemehl in Zucker verwandelt werden kann, geschieht hier; etwa unlöslich gebliebene Eiweißstoffe werden hier in aufnahmefähigen Zustand verwandelt; die Fette werden so fein verteilt und in so feine mikroskopische Tropfen zerlegt, daß sie in die Blutbahn übergehen können.

Von den Speisen kann der Körper nur das für sich

verwenden, was sich schon in Lösung befindet oder durch Einwirkung der verdauenden Säfte aus dem unlöslichen in den löslichen Zustand übergeführt werden kann.

Jedes Nahrungsmittel muß zu einem Bestandteile des Blutes werden. Ist dies nicht möglich, so ist die Substanz auch kein Nahrungsmittel.

Alle verdauenden Säfte unsers Organismus können nur auf die Speisen wirken bei innigster Berührung und diese völlige Vermischung ist nur wieder möglich, wenn die Nahrungsmittel auf das beste vorbereitet sind und so gut wie es eben geht gekaut werden. Kartoffelbrei und Erbsenbrei sind viel besser zu verdauen wie Kartoffelstücke und ganze Erbsen. Gehacktes Fleisch und geriebene Fleischspeisen wie z. B. Lungen-Haché werden viel eher gelöst wie ganze Fleischstücke.

Leute mit schlechten Zähnen müssen in ihrem eigensten Interesse dafür sorgen ihr Gebiß wieder so herstellen zu lassen, daß die Speisen gekaut werden können und es ist sehr bedauernswert, daß man nicht alle Fehler unseres Körpers in so vollkommener Weise ersetzen kann, wie gerade die Zähne.

Folgendes ist auch noch zu bedenken und von großer Wichtigkeit für das Wohlbefinden. Wenn die Speisen nicht im Magen und Darm gelöst und vom Blute aufgenommen werden können, weil die größern Stücke zu widerstandsfähig sind, dann beginnen diese Stücke sich im Darm zu zersetzen und in Fäulnis überzugehen. Es entwickeln sich Gase, spannen den Unterleib und das Mißbehagen ist da.

Für Kinder, denen man zu viel Milch eingegeben hat, ist es noch viel schlimmer, weil der zarte Organismus leicht

Diarrhöe bekommt &c.

Das Wasser.

Ein Quellwasser aus Granitgestein oder aus Kalkbergen bezeichnet man im Allgemeinen als das wohlschmeckendste und gesundeste. Das aus diesen Gesteinen entspringende Wasser ist absolut klar, farblos, geruch- und geschmacklos. Geringe Mengen Erdsalze, Kali- und Kalkverbindungen, Kohlensäure und Sauerstoff sind in ihm gelöst.

Ein hartes Wasser, welches infolge seines Gypsgehaltes als hart bezeichnet werden muß, ist zu verwerfen.

Leider ist man gezwungen, das Wasser zu verwenden, wie man es in der Nähe der Wohnungen findet. Große und kleine Städte können ja mit immensen Kapitalien Wasserleitungen bauen und ihren Bewohnern ein gutes Trinkwasser zuführen, aber in den vielen Dörfern und einzelnstehenden Häusern ist man gezwungen, das vorhandene Wasser zum Trinken zu verwenden.

Für die Bewohner dieser kleinen Ortschaften ist es aber dringend zu raten, die Brunnen so weit wie irgend möglich von den Düngergruben zu entfernen, damit in die Brunnen keine verwesenden Substanzen eindringen können.

Kann man dies nicht erreichen, so gewöhne man sich das Trinken des Wassers ganz ab und genieße es nur in Gestalt von Kaffee oder Thee. Durch das Kochen des Wassers werden die etwa vorhandenen Ansteckungsstoffe vernichtet.

An heißen Tagen oder bei sehr anstrengenden

105

körperlichen Arbeiten stellt sich das Durstgefühl in erhöhtem Maße ein. Was soll man dann zur Stillung des Durstes trinken? Wasser versetzt mit Zitronensaft und etwas Zucker ist ein vorzügliches Getränk. Ebenso kalter Thee und Kaffee.

Leider giebt es kein einfaches Mittel, um ein schlechtes Wasser in ein gutes zu verwandeln.

Ob ein Wasser gut oder schlecht ist, kann nur der Chemiker feststellen. Für den Familienvater, welcher das Wasser aus Brunnen beziehen muß, ist es nur zu empfehlen, dieses Wasser zeitweise untersuchen zu lassen, damit man ein Durchdringen von Schmutzwasser in das Brunnenwasser früh genug erkennt und Abhülfe zu schaffen vermag. Es genügt in diesem Falle festzustellen, ob das Wasser Amoniaksalze oder Verbindungen der Salpetrigen oder Salpetersäuren enthält. Sind diese Verbindungen vorhanden, so muß unter Berücksichtigung der jedesmaligen Verhältnisse eine Verbesserung des Wassers angestrebt werden.

Der Wein.

Ein Genußmittel ersten Ranges ist der Wein, welcher anregend auf die Nerven wirkt. Diese Anregung verdankt er seinen Bestandteilen Alkohol, Zucker, organischen Säuren und gewissen uns angenehmen Riechstoffen.

In der Meinung des großen Publikums gilt der Wein als ein Kräftigungs- und Stärkungsmittel. Wohl mit Unrecht, denn der geringe Gehalt des Weines an nährenden Bestandteilen steht zu dem Preise des Weines in gar keinem Verhältnis.

Bezahlt man für einen Wein einen hohen Preis, so bezahlt man nicht den Alkohol, auch nicht die Säuren, sondern nur das Bouquet, die Blume des Weines.

Der Wein ist vor allen Dingen Genußmittel, er reizt die Nerven zu neuer Thätigkeit, er veranlaßt eine größere Thätigkeit der sekretausscheidenden Drüsen und hierdurch werden die aufgenommenen Speisen leichter verdaut.

Von dieser die Herzthätigkeit und die Zirkulation anspornenden Wirkung eines Glases Wein machen Gesunde, welche stark arbeiten und Kranke, deren Herz- und Verdauungsthätigkeit darniederliegt, den wohlthätigsten Gebrauch.

Der Zucker.

Ehemals wurde der Zucker nur als Arzneimittel gebraucht, dann wurde er ein Genußmittel und heute ist er infolge seines billigen Preises eines unserer wichtigsten Nahrungsmittel. Zucker löst sich, wie jedermann weiß, leicht im Wasser, kommt in den Körper und wird sofort aufgenommen, um speziell zur Wärmebildung verwandt zu werden.

Der Zuckerkonsum ist außerordentlich gewachsen und muß noch immer mehr zunehmen. Wie kann man den Zuckerkonsum heben? Nur dadurch, daß zuckerhaltige Fabrikate zu Nationalspeisen werden.

Früchte mit Zucker in sachgemäßer Weise zu Marmeladen verarbeitet, geben sehr wohlschmeckende, sehr gesunde, sehr nahrhafte Speisen und sollten in keinem Haushalte fehlen.

Es ist allgemein bekannt, daß Menschen, welche zum Fettansatz neigen, sich nach Möglichkeit der Zuckerspeisen und Stärkemehl haltigen Nahrungsmittel enthalten sollen. Das Stärkemehl verwandelt sich im Organismus auch in Zucker und diese Zucker werden zuerst im Lebensprozeß verbrannt und die Fette werden gespart. Ißt man jedoch wenig zuckerhaltige Speisen, dann wird eben das Fett des Körpers mit verbrannt. Nimmt man sehr viel stärkehaltige Speisen zu sich, also viel Kartoffeln, Nudeln, Reis &c. dann verwandelt sich das Stärkemehl im Körper in Fett und lagert sich als solches ab.

Dies alles aber nur bei solchen Menschen, welche dafür disponiert sind, anderen schadet es wieder garnichts und sie bleiben so schlank wie vorher.

Frage und Antwort

über

Dr. Oetker's Fabrikate

für

Küche und Haus.

1. Welchen Zweck hat Dr. Oetker's Backpulver?

Es soll die Hefe ersetzen!

2. Wie viel Zeit bedarf man zur Herstellung der Kuchen mit Dr. Oetker's Backpulver?

Wenn das Mehl, Butter, Zucker &c. abgewogen sind, so kann der Kuchen nach 15 Minuten in den Ofen kommen. Um 11 Uhr in den Herd geschoben, um 12 Uhr herausgenommen, kann er schon um 4 Uhr serviert werden.

3. Welche Arten Kuchen kann man auf diese Weise herstellen?

Vom Unterzeichneten sind die Rezepte zu Gesundheitsgebäck, Topfkuchen, Sandtorte, Englischen Kuchen oder Königskuchen, Chokoladenkuchen, Spekulatius, Eiweißkuchen, Stollen, Christbaumkonfekt herausgegeben.

4. Sind diese Rezepte bewährt?

An die Hausfrauen sind jetzt ca. 20 Millionen Rezepte verteilt und haben überall höchste Anerkennung gefunden.

5. Mißraten die Kuchen leicht?

Nach Dr. Oetker's Rezepten angefertigt n i e m a l s ! Ob
man ein Ei mehr oder weniger, ob man etwas Butter mehr
oder weniger nimmt, hat für das Gelingen keinerlei Einfluß
und hat es die Hausfrau ganz in der Hand, billige oder
teuere Kuchen herzustellen.

6. Sind die Kuchen auch für Personen mit schwacher Verdauung zu empfehlen?

Diese mit Dr. Oetkers Backpulver bereiteten Kuchen sind
sehr porös und in Folge dessen sehr leicht verdaulich.

7. Kann man Dr. Oetker's Backpulver längere Zeit aufbewahren?

An einem trockenen Orte aufbewahrt, hält sich dieses
Backpulver unbegrenzte Zeit. Das ist ein sehr großer Vorteil
für alle Familien, welche fern von den größeren Städten
wohnen.

8. Welches Gewürz gibt man zu diesem Kuchen?

Am besten schmeckt frische abgeriebene Zitrone oder
einige Tropfen gutes Zitronenöl.

9. Ist Hirschhornsalz als Triebmittel der Kuchen zu empfehlen?

Dieses chemische Präparat ist durchaus verwerflich! Es
macht die Kuchen wohl porös, nimmt jedoch den frischen
natürlichen Geschmack und macht den Kuchen trocken,
während die Kuchen, mit Dr. Oetkers Backpulver bereitet,
nach acht Tagen noch ebenso frisch schmecken, wie am
ersten Tage.

10. Was ist denn die manchmal annoncierte

Trockenhefe?

Fabrikanten, welche ihr Backpulver als Trockenhefe verkaufen, beweisen mit diesem Worte, daß sie von der Chemie keine Ahnung haben. Das Backpulver wird dann auch wohl diesem Wissen entsprechen.

11. Was versteht man unter selbstthätigem Kuchenmehl?

Eine Mischung von Mehl mit Backpulver. 1 Päckchen Dr. Oetkers Backpulver und 1 Pfund Mehl kosten je nach der Güte des Mehles 25 bis 30 Pfg. Es ist daher eine sinnlose Verschwendung, für 1 Pfund Backmehl 40 Pfg. und noch mehr zu bezahlen.

12. Wo erhält man Dr. Oetker's Backpulver?

In allen besseren Kolonialwaren-Geschäften und Drogerien der Städte. Niemals lose, sondern immer in den 10 Pfg.-Paketchen mit dem Namen des Fabrikanten.

13. Kann man Dr. Oetkers Backpulver auch direkt beziehen?

Jawohl! aber nur nach den Orten, in welchen sich noch keine Verkaufsstelle befindet.

14. Wird die Güte dieses Backpulvers auch von maßgebender Seite anerkannt?

Ohne Aufforderung sind die schmeichelhaftesten Briefe eingelaufen, in welchen anerkannt wird, daß **Dr.** *Oetker's* Backpulver den größten Beifall gefunden hat.

15. Kann man dieses Backpulver auch zu Klößen benutzen?

Für Klöße jeder Art ist **Dr. Oetker's** Backpulver sehr gut zu verwenden. Die Klöße werden lockerer, schmackhafter und sind wegen der vielen kleinen Hohlräume im Innern auch wesentlich leichter zu verdauen. Verwendet man dieses Backpulver, so kann man an Eiern sparen, weil ja die Klöße trotzdem locker werden.

16. Darf man Dr. Oetker's Backpulver auch zu Pfannkuchen benutzen?

Mit bestem Erfolge! Gibt man zu dem weichen Teig einen halben Theelöffel voll Backpulver, so sieht man, wie der Pfannkuchen, in das heiße Fett gebracht, aufgeht und außerordentlich porös, schmackhaft, knusperig und infolge dessen verdaulich wird.

Dr. Oetker's Recepte.

1 000 000fach bewährt.

Gesundheitsgebäck.

Man rühre 100 *g* Butter und 100 *g* Zucker recht schaumig, thue nach und nach 4 Eigelb und 4 Eßlöffel voll Milch und etwas Zitronenschale hinzu, schlage 4 Eiweiß zu Schnee und menge das Ganze mit 250 *g* Mehl. Ist das geschehen, so streue man 1 Paket **Dr. Oetker's Backpulver** darüber und ziehe es leicht durch die Masse, fülle dieselbe in die mit Butter ausgestrichene Form und stelle dieselbe schnell in den heißen Ofen. ½ Stunde Backzeit. Sehr zu empfehlen für Kinder und für Magenkranke, weil leicht verdaulich.

Topfkuchen.

250 *g* Butter und 200 *g* Zucker rühre man recht schaumig, zerschlage 7 Eigelb mit ein achtel bis ein viertel Liter kalter Milch, und rühre dieses nach und nach mit circa der Hälfte des dazu gehörigen Pfundes Mehl unter die Butter. Wenn alles recht innig mit einander verbunden ist, füge man 100 *g* Korinthen, 100 *g* Rosinen und 50 *g* Succade (oder Orangeat) hinzu und zuletzt das Abgeriebene einer halben Zitrone, schlage das Eiweiß zu Schnee und menge mit dem Schnee den Rest des Mehles unter den Teig. Ist das geschehen, so streue man 1 Paket **Dr. Oetker's Backpulver** *à* 10 Pfg. darüber und ziehe es leicht durch die Masse, fülle dieselbe in

116

die mit Butter ausgestrichene und mit Mandeln ausgestreute Form, stelle dieselbe schnell in den heißen Ofen und backe bei mäßiger Hitze in ungefähr 1½ Stunde. Wer diesen Kuchen backt, wird sich über Geschmack und Schönheit wundern. Feinster Kaffeekuchen und in allen Gesellschaften sehr beliebt.

Sandtorte.

250 *g* Butter und 250 *g* feinstes Weizenmehl rühre man an einem kühlen Orte recht schaumig, füge unter stetem Umrühren ½ Pfund Zucker und 4 Eier hinzu. Immer ein Ei und etwas Zucker zur Zeit. Zuletzt das Abgeriebene einer Zitrone und einen g e h ä u f t e n Theelöffel voll **Dr. Oetker's Backpulver**. Man fülle die Masse schnell in eine mit Butter ausgestrichene Form und stelle d i e s e s o f o r t in den Ofen. Besonders beliebt zum Thee und Wein. Wintergesellschaften. Backzeit circa 45 Minuten.

Englischer Kuchen.

250 *g* Butter und 250 *g* Zucker rühre man recht schaumig, füge nach und nach 12 Eigelb hinzu, schlage die 12 Eiweiß zu einem steifen Schnee und meliere das Ganze mit 400 *g* Mehl, unter welches man zuvor 150 *g* Korinthen, das Abgeriebene einer Zitrone und einen gehäuften Theelöffel voll **Dr. Oetker's Backpulver** gemischt hat. Fülle die Masse in eine längliche Form und backe den Kuchen langsam bei mäßiger Hitze in 1 bis 1¼ Stunde. Hochfein und doch leicht verdaulich. Beliebter Kuchen bei allen Familienfesten, Geburtstagen, Verlobungen &c.

Chokolade-Kuchen.

Ein halb Pfund Butter wird langsam mit 1 Pfund feinem Zucker eine Viertelstunde gerührt und dann hinzugefügt 6 Eigelb, 1 Tasse Milch und ein Pfund Mehl. Jetzt giebt man den Schnee von 6 Eiern hinzu und zuletzt rührt man für 10 Pfg. **Dr. Oetker's Backpulver** unter den Teig. Etwas Vanillezucker oder abgeriebene Zitrone giebt den gewünschten Geschmack. Die Hälfte des Teiges wird mit einem viertel Pfund Kakao gefärbt und dann abwechselnd beide Teige eßlöffelweise in die mit Butter ausgestrichene Form gegeben und bei mäßiger Hitze 1 Stunde gebacken. Der Kuchen schmeckt sehr angenehm.

Spekulatius.

½ Pfund Butter, ½ Pfund Zucker, 1 Pfund Mehl und 2 ganze Eier werden auf einem Backbrett mit einem Päckchen **Dr. Oetker's Backpulver** unter einander gemengt, dann zu einem Kuchen gut messerrückendick auseinander gewellt, in Blechformen ausgestochen und auf ein mit Butter bestrichenes Blech gelegt und schön knusperig gebacken. Es empfiehlt sich, das Gebäck in Blechdosen aufzubewahren, damit es längere Zeit knusperig bleibt.

Eiweiß-Kuchen

für Zuckerkranke nach Vorschrift des Herrn Professor W. Ebstein in Göttingen. In einer Schüssel mischt man 200 g Weizenmehl mit 200 g Aleuronatpulver, rührt nach und nach 125 g Butter und soviel Milch dazu, daß man einen ziemlich festen Teig bekommt. Ist der Teig fertig, so arbeitet man noch 1 gestrichenen Theelöffel voll Salz und 20 g **Dr. Oetker's Backpulver** (= 1 Paket für 10 Pfg.) unter den Teig. So bereitet kommt der Teig in eine mit Butter ausgestrichene Form und wird bei guter Ofenhitze gebacken. Der fertige

Kuchen enthält circa 50% Eiweiß in der Trockensubstanz.

Stollen.

100 *g* Butter werden zur Sahne gerührt. Dann fügt man 15 *g* Succade (gezuckerte Orangenschale), 30 *g* gestoßene süße Mandeln, 30 *g* Korinthen, 30 *g* Rosinen und 60 *g* Zucker hinzu. Unter Beigabe von ¼ Liter Milch, 2 Eiern und ½ Pfund Mehl macht man einen Teig. Das zweite halbe Pfund Mehl mischt man mit einem Päckchen **Dr. Oetker's Backpulver** *à* 10 Pfg. (oder 20 *g*) und arbeitet dieses unter den weichen Teig und formt zu einem länglichen Kuchen, welcher in 1 bis 1¼ Stunde bei gutem Feuer gebacken werden muß. Schmeckt vorzüglich.

Christbaumkonfekt.

Man mischt 1 Pfund Mehl mit einem Päckchen **Dr. Oetker's Backpulver** *à* 10 Pfg. gut durcheinander, fügt 200 *g* Zucker und 100 *g* Butter hinzu, schüttet das Ganze auf ein Backbrett, wo man es mit 2 Eiern und 4 bis 6 Eßlöffel voll Milch, zu einem feinen Teige verarbeitet. Davon nimmt man soviel, als man zu einer Brezel gebraucht, bildet davon durch Rollen mit der Hand einen runden Streifen, den man in der bekannten Brezelform übereinanderlegt, mit zerquirltem Ei bestreicht auf ein gut mit Butter oder Wachs bestrichenes Kuchenblech setzt und in ziemlich heißem Ofen schön gelb backen läßt! In Blechbüchsen aufbewahrt, halten sich die Brezel lange Zeit frisch und knusperig.

Besonders zu empfehlen als feinstes Gebäck bei Kaffee, Thee und Wein.

Biskuitkuchen.

Man rührt 10 Eidotter mit 375 *g* feinem Zucker eine viertel Stunde lang zu Schaum, fügt das zu Schnee geschlagene <u>Eiweiß</u> der 10 Eier und 400 *g* feinstes Weizenmehl und 1 Päckchen **Dr. Oetker's Backpulver** hinzu. Nachdem alles noch durchgearbeitet ist, füllt man die Masse in eine mit Butter ausgestrichene Blechform und backt bei mäßiger Hitze eine Stunde lang.

Dieser Biskuit ist sehr leicht verdaulich und für Kinder, Kranke und Genesende sehr zu empfehlen. Mit Milch aufgeweicht, ist er für kleine Kinder im Alter von einem halben Jahre ab als ein vorzügliches Nahrungsmittel zu bezeichnen.

Diesen Biskuitteig kann man auch in kleine Blechförmchen thun, welche dunkelgelb gebacken und mit Zucker bestreut, ein Gebäck geben, wie es feiner nicht hergestellt werden kann.

So sehen die
10 Pfg.-Päckchen von Dr. Oetker's Backpulver aus:

Dr. A. Oetker's Backpulver

— ist das beste! —

Dieses Päckchen genügt für 1 Pfund Mehl.

Rezepte zu Gesundheitsgebäck,
Topfkuchen, Sandtorte u. Englischem
Kuchen gratis von

Dr. A. Oetker, Bielefeld.

1 Päckchen 10 Pfg.

Seit Einführung meines Backpulvers wird dieses, wie es ja bei guten Präparaten immer der Fall ist, von Leuten nachgemacht, die von der Chemie gerade so viel verstehen, wie neugeborene Kinder! Diese Leute nennen ihre zweifelhaften Produkte dann Trockenhefe und bedenken garnicht, wie sie durch dieses eine Wort schon ihre Unwissenheit beweisen, oder sie nennen es amerikanisches Backpulver und wissen wiederum nicht, daß in Amerika eine ganze Anzahl Backpulver mit dem giftigen Alaun bereitet werden, daß also das Wort amerikanisches Backpulver eine sehr zweifelhafte Empfehlung ist.

Ich bitte deshalb von obiger Zeichnung Kenntnis zu

nehmen, stets das echte Backpulver zu verlangen, und werde stets eine Ehre darin suchen, das vollkommenste, was überhaupt gemacht werden kann, zu liefern.

Dr. A. Oetker, Apothekenbesitzer in Bielefeld.

Entfernen der Rostflecken aus Weißwäsche.

Nach folgender Methode ist dies sehr einfach:

Den Flecken feuchtet man mit Wasser an, streut etwas pulverisiertes Kleesalz darauf, füllt einen zinnernen Löffel mit h e i ß e m Wasser und hält den gefüllten Löffel auf den mit dem Kleesalz bestreuten Rostfleck, bewegt den Löffel auf dem Flecken hin und her und in wenigen Minuten ist der Flecken verschwunden. Der Stoff wird dann sofort ausgewaschen. Es muß ein z i n n e r n e r Löffel sein. Alle anderen Löffel haben keinen Erfolg.

Unter dem Einfluß des Zinnes und des Kleesalzes wird das Eisenoxyd zu Eisenoxydul reduziert und verbindet sich dann mit der Oxalsäure zu dem leichtlöslichen, farblosen, oxalsauren Eisenoxydul, welches man durch das Auswaschen entfernt.

Anerkennungsschreiben.

Frau Dr. H. D. schreibt:

Ich habe das Back- und Pudding-Pulver an verschiedenen Rezepten erpropt, und kann ich nur sagen, daß sie sich stets ausgezeichnet bewährten. Dieselben sind daher jeder Hausfrau, der an schnellem und sicherem Gelingen ihres Backwerks etwas liegt, warm zu empfehlen &c.

Frau Direktor E. Th. schreibt:

Ich spreche Ihnen hierdurch meine volle Anerkennung aus. Einfacherer und sicherer läßt sich wohl kaum ein Kuchen oder eine Torte herstellen. Das Gebäck ist gut von Geschmack, fand vielen Beifall und ist selbst einem schwachen Magen zuträglich. Ganz besonders angenehm ist es, daß man das Gebackene schon nach wenigen Stunden ohne Schaden genießen kann; ein Vorteil, der besonders auf dem Lande oder in kleinen Orten zu schätzen ist &c.

Frau Freiin L. v. P. schreibt:

Bei Gelegenheit einer kleinen Thee-Gesellschaft ist dann Ihr wirklich vortrefflicher Topfkuchen gebacken worden und hat den ungeteilten Beifall aller anwesenden Damen gefunden &c.

Frau Dr. L. H. schreibt:

Der erste Versuch mit Ihrem Backpulver war sehr günstig &c. &c.

Frau H. K. schreibt:

Ich habe Ihr Backpulver nach Ihren Rezepten verwendet und kann Ihnen mitteilen, daß es in jeder Hinsicht zu loben ist und die damit hergestellten Gebäcke sowohl im Aussehen, oder auch im Wohlgeschmack ganz vorzüglich geraten sind.

Löffler's Illustriertes Kochbuch schreibt:

Sehr empfehlenswert ist das Backpulver von Dr. A. Oetker in Bielefeld. Der Gebrauch des Backpulvers ist für die Hausfrau eine große Erleichterung und bei rechter Befolgung der Vorschriften ist ein rasches, sicheres Gelingen der Lohn.

Frau Oberlehrer Z. schreibt:

Senden Sie wieder Backpulver. Wir waren mit demselben sehr zufrieden.

Frau E. P. schreibt:

Ihr Backpulver habe ich wiederholt gebraucht, und sind die Kuchen stets zu meiner vollsten Zufriedenheit ausgefallen.

Frau Dr. H. schreibt:

Senden Sie mir wieder Backpulver, es gefällt mir sehr gut.

Frau W. F., Verfasserin der 115 Rezepte zu Mehlspeisen, Kaffee- und Theegebäck, Torten, Kuchen und Pudding, schreibt:

Es wurde zu diesem Zwecke das Oetker'sche Backpulver eingehend und vielseitig längere Zeit erprobt und kann als ein sehr billiges und vorzügliches Präparat empfohlen werden.

Herr Wilh. Ecke (Hotel zur Roßtrappe im Harz) schreibt:

Ich bin jetzt in der Lage, mit Ihrem Pulver einen guten wohlschmeckenden Kuchen selbst bereiten zu können, wozu ich früher mit ähnlichen Fabrikaten nicht im Stande war. Ihr Backpulver kann ich daher Jedermann bestens empfehlen.

Frau Therese Sch. in Sonneberg schreibt:

Nachdem ich Ihr Backpulver versucht und es ganz vorzüglich gefunden habe &c. &c.

Frau Dr. Sch. in Mittweida schreibt:

Ersuche Sie um Zusendung Ihres vorzüglichen Backpulvers &c.

Frau Rentier G. in Berlin schreibt:

Ein Versuch mit Ihrem Backpulver hat mir ganz außerordentlich gefallen.

Frau Professor E. schreibt:

Die häufige und günstige Anwendung Ihres vortrefflichen Backpulvers veranlaßt mich &c.

Frau Direktor B. schreibt:

Gerne stelle ich Ihnen <u>das</u> Zeugnis aus, daß Ihre Backpulver sich aufs Beste bewähren und ein ganz vorzügliches Mittel für jede Küche sind &c.

Frau Architekt G. in Rummelsburg schreibt:

Habe kürzlich in der Berliner Kochkunst-Ausstellung eine Probe von Ihrem Backpulver gekauft, welches mir sehr gefiel &c.

Frau K. in Berlin schreibt:

Ihr Backpulver ist vorzüglich &c.

Aus Mannheim schreibt Fr. S.:

Würden Sie mir für ... Mark Backpulver senden. Es ist ganz vorzüglich &c.

Frl. M. (Restaurant Lindenruh) schreibt:

Bitte umgehend von dem bekannten guten Backpulver für .... Mark zu senden.

Aus Berlin schreibt Frau I.:

Auf der hiesigen Kochkunst-Ausstellung kaufte ich von Ihrem Backpulver, welches mir ganz vorzüglich gefallen hat &c.

Aus Berlin schreibt Frau B.:

Ersuche um Zusendung von .... Päckchen Ihres vorzüglichen Backpulvers &c.

Frau G. aus Berlin schreibt:

Ich habe in der Kochkunst-Ausstellung von ihrem vorzüglichen Backpulver gekauft, aber leider zu wenig &c.

Frau K. in Berlin schreibt:

Ich hatte auf der Berliner Kochkunst-Ausstellung Dr. Oetker's Backpulver gekauft, und da es mir sehr gut gefallen hat, so ersuche ich um &c.

Das illustrierte Kochbuch von Kurih & Petit schreibt:

Als vorzüglich erprobt sind die Präparate von Dr. Oetker in Bielefeld.

Frankfurt a. M. Herr E. E. schreibt:

Meine Frau gebraucht Ihr Backpulver schon seit mehreren Jahren und ersuche ich Sie um Zusendung der Rezepte.

Gotha. Frau Amtsgerichtsrat B. schreibt:

Die Rezepte sind zuverlässig, die Zubereitung bequem und das Backwerk sehr wohlschmeckend; &c.

Erfurt. Frl. A. M. schreibt:

Senden Sie 10 Päckchen Ihres vortrefflichen Backpulvers &c.

Coburg. Ein herzogl. Oberkoch schreibt:

Habe verschiedentlich Ihr Backpulver probiert, und habe stets guten Erfolg gehabt und kann es bestens empfehlen.

Weimar. Der Herr Obermundkoch schreibt:

Ich habe Ihr Backpulver zu verschiedenen Rezepten propiert und muß gestehen, daß es ein vorzügliches Präparat und für jede Küche zu empfehlen ist ....

Münster. Herr C. K. (Kaffeewirtschaft) schreibt:

Die Kuchen, mit Ihrem Backpulver gebacken, geraten ganz vorzüglich und werden dieselben von sämtlichen Gästen nur verlangt.

Bochum. Frau Sanitätsrat R. schreibt:

Seit fast 2 Jahren brauche ich zum Kuchenbacken Ihr ganz vorzügliches Backpulver, und ist mir seitdem kein Kuchen mißlungen.

Berlin. Frau B. W. schreibt:

Senden Sie mir für .... von Ihrem vorzüglichen Backpulver .....

Bruchmühlen. Herr F. B. schreibt:

Wir haben heute Ihr Backpulver probiert; die Probe ist ausgezeichnet geraten &c.

Berlin. Frau A. F. schreibt:

Von der Vorzüglichkeit Ihres Backpulvers habe Kenntnis erhalten und bitte um &c.

Ruhrort. Frl. C. B. schreibt:

Da ich viele Gelegenheit habe, Ihr vorzügliches Backpulver zu gebrauchen, so bitte ich um ....

Neumühl. Frau Dr. med. L. schreibt:

Da ich eifrige Abnehmerin Ihres vorzüglichen Backpulvers bin, bitte ich um ....

Frankfurt a. O. Frau M. B. schreibt:

Schon längere Zeit benutze ich Ihr Backpulver und bin sehr damit zufrieden ....

Stolberg. Frau von H. schreibt:

Für einliegende ... bitte um ... Päckchen Ihres ausgezeichneten Backpulvers.

Vorhalle. Frau N. schreibt:

Ich bin in hohem Maße davon befriedigt und mache mir ein Vergnügen daraus, die Sache in meinen Bekanntenkreise zu vertreten ....

Hamburg. Frau W. Sch. schreibt:

Ich bemerke noch gern, daß mir Ihr Backpulver ganz außerordentlich gefällt.

Garding. Herr Kaufmann W. S. schreibt:

Ihr Backpulver ist vorzüglich ....

Lenzen. Herr E. schreibt:

Erbitte mir sofort wieder ein Poststück Ihres ganz vorzüglichen Backpulvers.

Aus Brandenburg (Pr.) schreibt Frau Baronin v. B.:

Ich bin von den Kuchen, die ich schon so oft gebacken habe, sehr entzückt ......

Kiel. Herr L. schreibt:

Senden Sie sofort 400 St. von Ihrem weltberühmten Backpulver &c.

Ebersbach. Frau Chr. K. schreibt:

Ich habe schon seit längerer Zeit Ihr praktisches Backpulver verwendet und bitte um ......

Von der Ruhr schreibt Frau Pastor B.:

Hierdurch ersuche ich Sie um .... Päckchen Ihres schönen Backpulvers ......

Berlin. Frau K. schreibt:

...... ohne Ihr Backpulver schmeckt kein Kuchen mehr.

Fürst. Waldeck. Frau L. E. schreibt:

...... bei Drogisten hier bekommt man auch Backpulver, welches er aber selbst mischt und uns nicht so gut gefällt. Ich brachte mir aus der Kunst-Ausstellung in Berlin im vorigen Jahre Ihr Backpulver mit, und es hat mir ausgezeichnet gefallen.

Barmen. Frau D. A. schreibt:

Wegen der bewährten Güte Ihres Backpulvers nehme ich nicht gern ein anderes und bitte mir ....

Das Deutsche Reich hat ungefähr 55 Millionen Einwohner und wenn man auf jede Familie 5 Personen rechnet, so sind 11 Millionen Küchen vorhanden.

Ich habe die Ueberzeugung, daß in jeder dieser Küchen mindestens täglich 10 Pfennig aus Unkenntnis mit den Grundlehren der Chemie verloren gehen. Das macht täglich einen Verlust von 1 100 000 Mark, im Jahre 396 Millionen Mark! Eine ganz enorme Summe und trotzdem glaube ich, daß die Berechnung annähernd stimmt. Wenn in den kleinen Küchen weniger wie 10 Pfennig verloren gehen, dann gehen in den größeren Küchen täglich viel mehr wie je 10 Pfennig verloren.

Wie häufig wird in den Küchen Fleisch anrüchig, weil es nicht richtig aufbewahrt wird! Wie oft wird die Milch im Sommer sauer, weil sie nicht ordnungsmäßig behandelt wurde! Wie oft wird Fett ranzig, weil es nicht zeitig genug wieder zur Verwendung gelangte! Welche Mengen eingemachter Früchte werden auf der Oberfläche schimmelig und hierdurch zum Teil ungenießbar! Wieviel verschwindet von den mehr oder weniger teueren Nahrungs- und Genußmitteln in den Ascheeimern, ohne daß die Hausfrau es bemerkt.

Wie viele Verluste entstehen allein durch das ungenügende Ausziehen der Kaffeebohnen in unpraktischen Maschinen.

Alle die Speisen, welche nicht tadellos auf den Tisch kommen, beweisen doch nur, daß gerade in der Küche noch wesentliche Fortschritte gemacht werden müssen. Wie viel Zeit kann man durch die richtige Verwendung der modernen Hülfsmittel in der Küche ersparen, und Zeit ist Geld!

Die Trunksucht mancher Männer hat sehr häufig ihre ersten Ursachen in einem schlecht geführten Haushalte. Frauen, welche schlecht kochen und welche kein gemütliches Heim zu schaffen vermögen, treiben ihren

Mann aus dem Hause und dem Schnapsteufel in die Arme.

Von diesen zweifellosen Verlusten an Geld und Zeit könnte viel gerettet werden, wenn die jungen Damen sich mit den Grundlehren der Küchenchemie und Haushaltkunde vertrauter machen wollten. Wenn diese kleine Broschüre hierzu Anregung gegeben hat, so hat sie ihren Zweck erreicht, denn sie soll nur zum e i g e n e n Nachdenken aufmuntern, damit auch in der Küche mehr wie bisher nach dem »Warum« und »Weil« geforscht wird.

Etwas Praktisches für die Küche!

Im **Alexanderwerk-Kochtopf**, erfunden von Frau Professor Böhmer in Warburg, der trotz seiner vielen Vorzüge nicht viel teuerer ist, als ein gewöhnlicher Kochtopf, werden alle Arten Klöße und Puddings ganz vorzüglich, wenn man der Masse entsprechend von Dr. Oetkers Backpulver beimischt.

Man verfährt dabei wie folgt: Kartoffelklöße: 750 *g* gekochte, geriebene Kartoffeln werden mit 4 Eiern, etwas Salz und Muskatnuß sowie 40 *g* Butter, Speck oder Bratenfett tüchtig durchgerührt. Dann giebt man 200 *g* Weizenmehl, 8 *g* in Würfel geschnittene und in 40 *g* Fett geröstete Semmel, sowie ½ Päckchen Dr. Oetkers Backpulver hinzu, und formt daraus Klöße.

Unterdeß hat man im Alexanderwerk-Kochtopf Wasser bis knapp an den Einsatz zum Kochen gebracht; man nimmt den Einsatz heraus, fettet ihn oben mit einer Speckschwarte und legt Kloß neben Kloß. Darauf setzt man den Einsatz in den Topf, schließt den Deckel und läßt 10 Minuten flott kochen.

So verfährt man mit allen beliebigen Kloßarten und Suppeneinlagen, jedoch versäume man nicht, ein halbes Päckchen Dr. Oetkers Backpulver hinzuzufügen. Der Erfolg ist überraschend. Längeres Stehen im Topfe schadet der Speise nicht.

Auch jeder Art Pudding setze man mit dem Eiweiß-Schaum Dr. Oetkers Puddingpulver *à* 10 Pfg. zu und gebe diese Masse sofort in die Form.

Der Alexanderwerk-Kochtopf ist schon mit lauwarmem Wasser gefüllt bis zu dem Teilstrich, wie es im Gratiskochbüchlein angegeben ist.

Die Puddingform oder Senniette wird auf den Einsatz gestellt und dann wird flott gekocht, bis die Masse über dem Deckel ruht, ein Zeichen, daß der Pudding gar ist.

Bei Anwendung von Dr. Oetkers Puddingpulver und Kochen desselben im Alexanderwerk-Kochtopf ist jede Art Pudding ohne Beaufsichtigung vorzüglich geworden, stets war derselbe zur angegebenen Zeit gar, locker und leicht verdaulich.

Der Alexanderwerk-Kochtopf

mit Patent-Einsatz

ist in jeder Haus- und Küchengeräte-Handlung zu haben.

Alexanderwerk-Haushalt-Maschinen

sind in jeder Haus- und Küchengeräte-Handlung zu haben.

Wo nicht zu haben,
schreibe man wegen der nächsten
Bezugsquelle an das

A l e x a n d e r w e r k , Remscheid.

Wichtig! Verlangen Sie beim Einkauf
ausdrücklich
Alexanderwerk-Maschinen.

Jede Maschine trägt unsere
Schutzmarke »Alexanderwerk«.

Alexanderwerk-
Fleischhack-Maschinen

sind   thatsächlich
unentbehrlich in jeder Küche. Die
Maschinen schneiden das Fleisch, anstatt
es   zu   zerquetschen,   wie   andere
minderwertige Maschinen. Alle Sehnen
und   Fasern   werden   vollständig
durchschnitten. Zum Hacken von rohem
und gekochtem Fleisch, Leber, Fett, Fisch,
Spinat und anderen Gemüsen giebt es
nichts   Besseres.   Dabei   ist   die
Handhabung der Maschinen einfach und

Ausführliche
Gebrauchs-Anweisungen
mit vielen Rezepten
kostenlos.
bequem,   die   Reinigung
leicht   und   rasch   ausführbar.   Die

Maschinen dienen zur Bereitung zahlreicher schmackhafter Speisen, ermöglichen die Verwendung von kaltem und übriggebliebenem Fleisch zu den verschiedensten Gerichten und sind vorzüglich zum Schneiden von Fett zum Ausbraten, welches bei ihrer Benutzung viel reichere Ausbeute ergiebt. Die

Lesen! Alexanderwerk-Fleischhack-Maschinen sind innen sauber emailliert, außen fein rot lackiert mit Goldverzierungen und kosten die gangbarsten Größen für den Haushalt im Laden Mk. 6.— bis Mk. 9.—, dieselben werden auch ganz verzinnt oder verzinkt geliefert. Jede Maschine wird mit einer Lochscheibe 4½ *mm* ○ geliefert. Um feiner zu schneiden, (z. B. Spinat, Leber u. s. w.) werden Lochscheiben von 2 *mm*, um gröber zu schneiden solche von 6, 8, 10 oder 12–20 *mm* geliefert.

Gebrauchsanweisung.

Nachdem man den Zapfen und die daran anstoßende blanke Fläche der Schnecke gut eingeölt hat, stecke man die

Schnecke in das Gehäuse, setze das kreuzförmige Messer mit der abgerundeten Seite nach innen auf den viereckigen Zapfen der Schnecke, setze darauf die Lochscheibe ein und drücke dieselbe gegen die Schneiden des Messers, indem man den Ring mäßig fest anschraubt. Hierauf stecke man die Kurbel auf und befestige dieselbe mit der Ringschraube.

Das Fleisch schneide man, nachdem es von Knochen sorgfältig befreit ist, in eigroße Stücke und werfe diese in den Trichter.

Nach dem Gebrauch nehme man die Maschine zur Reinigung auseinander, trockne sie gut ab und bewahre sie an einem trockenen Ort auf. — Für verlorene oder zerbrochene Teile werden jederzeit billigst Ersatzstücke geliefert.

Alexanderwerk-Eismaschinen

Alexanderwerk-Frucht- u. Saft-Presse.

Die Presse kann zu verschiedenen Zwecken verwandt werden und eignet sich besonders zur Gewinnung des Saftes aus:

Weintrauben, Stachelbeeren, Johannisbeeren, Brombeeren, Heidelbeeren, Erdbeeren, Quitten und anderen Früchten.

Größter Saftgewinn.

Preis 12 Mk. Ein Paar Gefäße zum
Unterstellen Mk. 2.50.

Alexanderwerk-
Brotschneidemaschinen

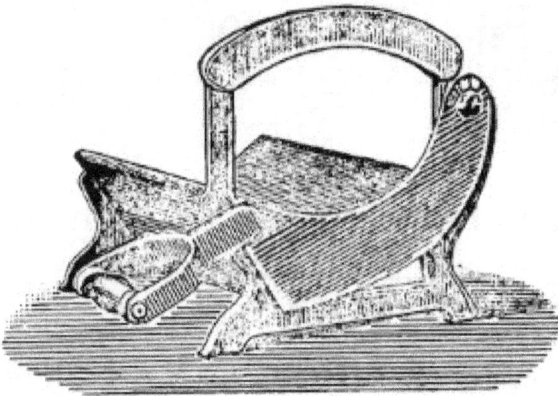

sind die beste Marke, welche je in den
Handel gebracht worden ist. Sie zeichnen
sich durch Eleganz und gute Bauart aus,
die Messer sind aus bestem Stahl und
brauchen selten geschliffen zu werden.
Schneiden selbst ganz frisches Brot.

Preis Mk. 4.50 bis Mk. 15.—.

Alexanderwerk-
Wringmaschinen

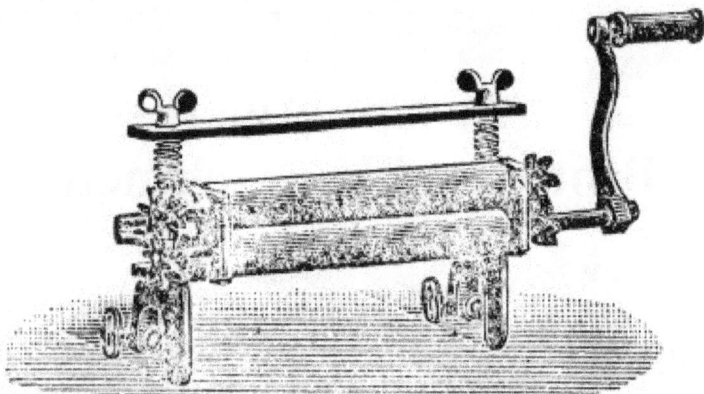

bewähren sich überall durch ihre
leichte Handhabung.
Beste Walzen.

Alexanderwerk-
Waschmaschinen

sind trotz ihrer vielen Vorzüge
die billigsten.

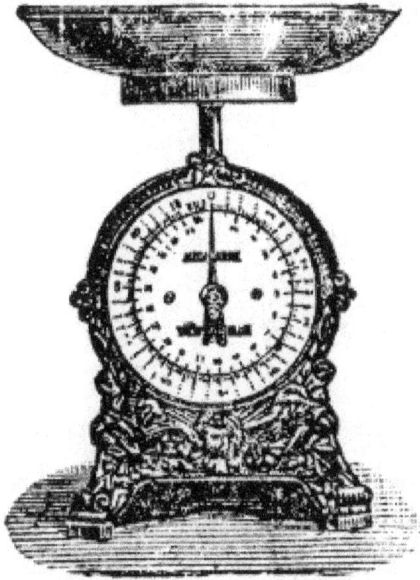

Für die feinere Küche

seien der verehrten Damenwelt 2 neue Küchenartikel empfohlen (Erfindungen einer praktischen Hausfrau) die ihrer außerordentlich praktischen Eigenschaften wegen verdienen, bald in jeder besseren Küche Eingang zu finden, nämlich

Blitzrührschüssel

(Schutzmarke mit dem Bären)

deren genaue Ausführung aus der unten beigedruckten Abbildung deutlich ersichtlich ist.

Die Blitzrührschüssel dient zur Herstellung aller Mehlspeisen, wie Puddings, feineren Bäckereien, Kaltschaum, Saucen und bietet hierbei 80% Zeit- und Kraftersparnis gegenüber früher bei bisher unerreichten, prachtvollen Backresultaten.

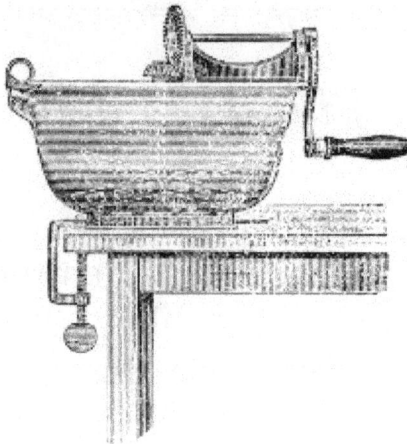

Preis der Blitzrührschüssel inkl. Mayonnaisetrichter und

Rezeptsammlung

mit Vorrichtung z. Befest. Mk. 15.—,
ohne Vorrichtung z. Befest. Mk. 13.—.

Amerikaner-Quirltopf

ebenfalls aus bestem *Ia* Email zum
Quirlen von Schokolade, Warmbier,
Chaudeau, holl. Saucen, Crêmes, für
Gefrorenes etc., zum Herstellen von
Schlagsahne, kalte Saucen, sowie zum
Schneeschlagen (in ½ Minute steifen
Schnee) 2 Liter-Größe Mk. 5.—, 4 Liter
Mk. 8.—.

Beide Artikel sind äußerst elegant und
solid ausgeführt und nach Abheben des
Triebwerks (ein Griff!) zu allen sonstigen
Küchenzwecken praktisch. — Sie sind in
den meisten einschläg. feinen Geschäften
zu haben, sonst direkter Versandt durch
den alleinigen Fabrikanten

R. v. Hünersdorff Nachf.,

Stuttgart,

der auf Wunsch auch ausführl. Prospekte und Zeugnisse gratis und franko versendet.

Eine der maßgebendesten Hausfrauen auf dem Gebiete der Kochkunst, nämlich die Herausgeberin des bekannten »Davidis-Holles Kochbuches«, schreibt mir:

Sehr geehrter Herr!

Da ich hier weder Ihre Backrezepte noch Ihre neue Broschüre bekommen kann, darf ich Sie wohl direkt um Zusendung bitten.

Bei dieser Gelegenheit möchte ich Ihnen mitteilen, daß ich bei vergleichenden Erproben von circa 8 verschiedenen Backpulvern das Ihrige als das Beste befunden und viele neue Backwerke, auch feinere Sachen, mit ihm gebacken habe.

Hochachtungsvoll!

Frau L. H.

Herausgeberin von »Davidis Kochbuch«.

Hierzu erlaube ich mir noch zu bemerken, daß ich diese Dame nicht um ihr Urteil gefragt habe und daß mir dieses vorzügliche Zeugnis über mein Backpulver nur aus Interesse an den Fortschritten der Kochkunst übermittelt wurde.

Backpulverfabrik.

Dr. A. Oetker,

Bielefeld.

www.ingramcontent.com/pod-product-compliance
Lightning Source LLC
Chambersburg PA
CBHW030603270326
41927CB00007B/1023